Let Go of the Guilt

你沒錯，為什麼要覺得抱歉

放下假內疚，擺脫自責的習慣，
練習與自己和解

薇拉莉·波頓 Valorie Burton——著　林吟貞——譯

但願這些文字正如你所需，能幫助你放下內疚，
擁抱你應得與渴望的自由、真相及喜悅。

目錄

前言　**你為何這麼做？**　內疚如何影響你的決定／6

第一章　**你為何感到內疚？**　克服內疚的第一步就是說出口／23

第二章　**剝開內心的洋蔥**　認識與改寫你的內在敘事／65

第三章　**快樂有風險，內疚才安全**　誘使你選擇內疚而非喜悅的驚人習慣／99

第四章　**關於內疚的性別差異**　為什麼女性更容易感到內疚？／123

第五章　**擁有自己的價值觀**　如果不自己決定重要的事，別人就會替你決定／135

第六章 內疚的好處／155
為何讓你感到內疚的特質，也造就你的成功？

第七章 重設你的期望／175
停止內疚，創造你要的快樂

第八章 翻轉內疚的情緒勒索／207
終止情緒勒索者鍾愛的操縱開關

第九章 重拾你的喜悅／241
擁抱零內疚生活的八大習慣

結語 **永遠放下內疚的祕訣**／266

致謝／272

附注／274

前言

你為何這麼做？

——內疚如何影響你的決定

我不清楚是哪種內疚讓你拿起了這本書，但要知道你並不孤單。這是一本為你而寫的書，但接下來所分享的真相和步驟，對我也有莫大幫助。

無論我是否有罪過，某件事情所造成的內疚都讓我一輩子感到焦慮和擔憂。更糟的是，內疚誘使我去做我明知不合理的事，而這件事情，就發生在我開始這個工作專案（撰寫本書）不久後的一個早晨。或許，這件事情對你來說只是一件小事，但這是內疚潛入我們生活、綁架我們情緒與選擇的典型範例。

那是某個週三早上，大約六點五十五分，我和家人的行程進展順利，事實上，我們還超前了預定行程幾分鐘的時間。我五歲的兒子艾力克斯換好衣服，心情愉悅，刷好了牙、鋪好了床，也穿上了鞋子。這時候，學年已經過了一半，我也已經放棄堅持要兒子坐在餐桌上吃早餐。他不想吃蛋或吐司，但我找到新的辦法誘導他吃麥片。我把他的麥片裝進塑膠夾鏈袋中，再幫他把牛奶倒在有彈簧扣蓋的杯子裡，好讓他能在車上喝。只要在去公車站的路上快點吃完，獎勵就是可以用我的手機玩幾分鐘的遊戲。看吧！比起一早要他坐在餐桌好好吃早餐，這是更容易、更快速的選擇。當然，這不是我媽媽把我養大的方式，但這招很管用。

但是，就在我倒完他的牛奶時，艾力克斯問了一個簡單的問題：「媽咪，我今天可以在餐桌上吃麥片嗎？」他溫柔地問。

這個要求聽起來或許很合理，但因為他吃的速度很慢，如此一來我們的行程就不**那麼**超前了。我因內疚而起的回應，讓這天早上的一切脫了軌。

顯然「今天不行，我們沒時間了」會是答案，但那是假設我以邏輯和常理回應的話。但是，我被一陣快速襲來的負面想法轟炸：

可憐的孩子。

他早上得那麼早起。老天啊，外頭天還是黑的！
他才五歲就要在早上七點十五分到公車站去。
他只是想要在家裡吃早餐而已，你卻要趕他出門。

接著腦中閃現了我自己的童年時光，每天早上走進廚房就像走進一間什麼都有的南方餐館一樣：

你媽媽幫你準備了全套早餐，有蛋、培根、燕麥、奶油或葡萄果醬的吐司，依你的喜好而定，還有柳橙汁，而且是「每天早上」都有！你在他這個年紀的時候，她總是要你在廚房桌上吃早餐，而現在你自己的孩子卻得在車上吃麥片。

艾力克斯坐在那裡看著我，愉快的臉龐耐心地等著答案。我低頭看著他裝袋的麥片，想起一件讓我感到更加內疚的事。

你知道嗎？在我整個童年時期，我媽媽只有一天早上讓我吃麥片當早餐。我開玩笑地把那天早上稱為「美好的麥片實驗」，那是她「唯一」一次為了節省時間，才讓自己的孩子吃多數小孩每天早上吃的東西。

我當時三年級，我們住在父親被分發到位於德國西邊鄰近法蘭克福（Frankfurt）附近的兩房公寓。我走進廚房，坐在餐桌旁，媽媽端了一碗加了牛奶和很多糖的家樂氏牌脆米片（Rice Krispies）給我，就像我喜歡的那樣。

我很喜歡家樂氏牌脆米片，每天放學後都會拿來當點心吃。我不知道她今天早上為什麼讓我在早餐前吃，但我什麼都沒問，因為脆米片很好吃。我幾乎是用吞的吃完脆米片，所以她又幫我倒了一碗。我又狼吞虎嚥地吃光了那一碗。

接著她說：「好，我們走吧。」

我十分困惑。「但我還沒吃早餐耶！」我抗議著。

「什麼意思？」她問道。「你才剛吃了兩碗麥片。」

我不可置信地看著她。「麥片不是早餐，那是點心。」

已經到了要出發去上學的時間，因為我的反應，我媽看起來既困惑又有點內疚。「我現在沒空做早餐了，薇拉莉，」她說。「我們得走了，不然你上學會遲到，我上班也會遲到。」

我抓了書包，在我們出門的時候，咕噥地說著我不敢相信她居然「沒讓我吃早餐」就要我去上學。而那是唯一一個我吃麥片當早餐的早晨。

幾十年後，那天早晨在我腦海閃過。結果呢？我兒子其實喜歡吃麥片當早餐，而八歲的我卻悄悄地重複說著**麥片不是早餐**，為此我感到一絲絲內疚。那天早上，這個念頭凌駕於我所有其他的想法之上，最終得到了我給艾力克斯的答案。邏輯上來說，我知道應該要是什麼答案，但實際上回答艾力克斯的**不是邏輯，而是內疚**。

「當然可以，小寶貝。我們可以在這裡吃，但你得趕快。我本來沒打算這麼做的。」

你可以猜到接下來發生了什麼事：他還是慢慢來。我試著催促他快一點，但等到我們離開家門的時候，我知道要準時抵達公車站根本需要奇蹟發生。艾力克斯就讀的私立學校位在市區的另一端，幸運的是離我們家幾分鐘的路程外就有一個位於市中心的公車站，但要是我們沒有順利趕上公車，就得花四十分鐘的車程才有辦法到學校。

我的手緊抓著方向盤，好像這樣就能讓我們快點到一樣。我的目光從時鐘上移到馬路上，再回到時鐘上。我的肩膀繃得緊緊的，以雷射般的專注力開車。綠燈似乎引領著我往公車站直線前進，感覺就像神聖的管絃樂編曲那樣。「沒錯！也許我們還是可以順利抵達！」

我屏住呼吸，在轉入公車站停車場的轉角時，盼望著或許還有幾個孩子還在踏上公車。突然間，車子震了一震。「砰！」我的輪胎用力撞上路緣。接著，像慢動作那般，我看到艾力克斯的公車發動，離開了停車場。

「要是我繼續開，就可以在公車司機轉入主要幹道前趕上它。」我心想。於是，我開回街道上，繼續往公車開去，希望可以引起司機的注意，但這時我知道至少有一個輪胎爆胎了，我的休旅車傾向一側，而且還能聽到破掉的輪胎橡膠在每次方向盤轉動時，拍打著柏油路面的聲音。

「媽咪，我想你應該開慢一點！」艾力克斯在後座這樣建議著。然而我們別無選擇，我們以時速十哩的速度，蹣跚地朝公車前進。感謝老天，公車司機看到我們並停了下來。在我跳下車、跑到車子另一邊幫艾力克斯、趕他上公車的時候，公車亮起了紅色的停車標誌。他成功搭上公車了。

我找了一個停車位把車停下，精疲力盡地靜靜坐著。原本平靜、行程超前的早晨，最後怎麼會落得有兩個輪胎爆胎、艾力克斯還差點錯過公車的下場呢？

躲在背後操縱你的「內疚」

這並不僅是因為我高估了我們有多少時間，或是因為我認為艾力克斯應該在家裡吃早餐。真正的罪魁禍首是「內疚」。他詢問能不能在廚房桌上吃早餐時，隨之而來的內疚綁架了我的思緒，接著驅策了我的行為。隨後發生的事讓我付出的代價：失去了平靜、花了六個多小時拖吊與修理車子，還有八百多美元的維修費用。若是內疚沒有處於主導地位，以上這些都能夠避免，但內疚主導了一切。也正因如此，你和我現在才會在這裡，也是你被這本書所吸引的原因。

內疚總是偷偷摸摸，它不只奪走你的喜悅，更狡猾的是，它會在你發現之前，驅使你做出破壞性的決定和行為。它會觸發自動反應，讓你道歉、過度補償，並以重量級冠軍般的技能怪罪自己。

無論是腦海中的聲音提醒著你還沒達成的期望，或者多年前所犯下的錯，至今還在為此付出代價，內疚這種情緒都傳遞著重複的訊息：我不夠好、我做得不夠多、我做得不對；我應該要多做一些，一些不一樣的事，或是更好的事，但我沒有，所以才會感到內疚；我要改掉自己的缺點。最糟糕的是，我要綁架自己的快樂，**我要用這種跳針重複的自我批評壓抑住我的快樂**。

以我的例子來說，我知道內疚並不只是因為一件小事才在某天早上出現，而是出現在無數個早晨、一整個白天、直到夜晚；也出現在我和孩子、先生、朋友、父母與員工的關係之間。內疚影響了我的經濟，甚至是我的精神生活。當我更能夠察覺到無所不在的內疚後，就開始處處看見它；它不只出現在我自己的生活中，更出現在朋友的評論、與客戶的教練會談，以及我的女性聽眾的評論當中。於是我心想：

只有我這樣嗎？還是其他世界各地的女性也面臨著同樣的狀況呢？

我認為內疚對女性來說相當普遍，尤其對現代女性來說更是如此。她們背負了比過往各個世代女性更多的期望，而這樣的期望來自各個世代所經歷過的重大突破機遇所帶來的。內疚並沒有消失，反而益發茁壯。

當你讓內疚掌權，它就會在潛意識中支配著你的決定：對於人際關係、金錢，甚至是要吃什麼，以及是否要有所信仰；它會阻礙你追尋夢想，讓你變得充滿憤恨，讓你愛得不情不願，推開你真正想要的愛。另外，內疚會驅使你在想拒絕的時候答應，它會用沒有意義的事物填滿你的行程，偷走那些有意義的事物所需的時間；它會不斷煩擾，讓人心力交瘁。

由此可見，根源於過往的經歷和未經審視的期望，我的內疚驅使我在那天早上回應了艾力克斯的請求。

看到內疚感如何快速讓我們的最佳意圖脫軌了嗎？隨著你繼續翻閱本書，我會告訴你如何有意識地選擇你的思緒，並放下那些讓你產生「假內疚」與「任其接管你人生」的想法。

內疚的風險和危機

如果總是讓內疚替你回答生活中的小問題，久而久之，你也會傾向於讓內疚回答大問題。有時由內疚主導一切的後果並不像差點錯過公車或爆掉一對輪胎那樣容易克服，因為：問題更大，後果也會更嚴重。

過去幾年來，我不僅逐漸解決了自己與內疚之間的拉扯，同時也指導了數百人解決他們的問題。妮可坦承自己當時是出於內疚才跟現在已是前夫的人結婚；雪莉不願意要求加薪，是出於她覺得自己這樣做很自私且感到內疚；金覺得自己有義務要繼續去表親的非營利機構擔任志工，因為她的表親曾在十多年前幫助她度過一段艱辛的時期；梅根則承認「我一天當中大部分的時間都充滿內疚感，即使我不會一直有意識地想著它」。她因為沒有持續節食、沒有更常運動、伴侶為了她拋下家人搬到大半個國家之外的地方而感到內疚，就算那其實是對方的主意。

當我們放不下內疚時，會造成什麼風險和危機呢？我們讓出了自由、喜悅和平靜。內疚會以許多方式呈現，也許以下有一些你看起來覺得相當熟悉：

- 因為過往的選擇、錯誤與不完美而怪罪自己。
- 覺得自己好像永遠都做得不夠多。
- 在關係中即使感到平靜或喜悅，也只有一點點。
- 在關係裡感到不安、憤恨或被貶低。
- 賺的錢比你應得的還要少。
- 付出的比你必須付出的還要多。
- 在最好該拒絕時總是答應。
- 允許別人用內疚對你情緒勒索。
- 任由別人一再地跨越界限。
- 輕忽成就，好讓別人感到舒服。
- 到頭來變成相互依存的關係。
- 假裝異常行為是正常的。
- 在「需要」和「想要」的時候沒有大聲說出口。
- 出於內疚與義務做決定。

- 對曾經幫助過你的人無限期地感激。
- 自我懷疑。
- 感到恐懼是你的常態。

任由內疚處於主導地位會讓你因為怪罪自己達不成自己的期望（有時候還是不可能達成的期望），而感到憤恨、疲勞、被操控、被利用與遍體鱗傷；原本能細細品味與享受的時光，突然間變得充滿壓力與負面情緒。我和艾力克斯的那天早晨原本應該是相當美好、不慌不忙的，結果卻成了不必要的一團混亂。但以上這些都只是冰山一角。

在本書，我會分享真實故事，有助於你看見，只要你允許內疚，它就會以各式各樣的方式掌控你人生的方向。無論你是否正在面對依然糾纏著你的過往選擇，或者因為身邊親友不像你一樣好運，而出於內疚所輕忽的成就，這本書的目的，就是要幫助你看見並克服問題：你不必受內疚掌控。

如果你拿起了這本書，我知道，你一定深深渴望能從肩上卸下內疚這個沉重負擔、能徹底地感到快樂、能從內疚羈絆與情緒操縱的束縛中解脫出來。我真希望現在就陪伴在你身邊，但要知道，在我寫下這些字句的同時，我誠摯地希望能幫助你突破困境。

我最想要帶給你的想法，也是我想告訴我自己的，那就是：不再對你沒有做錯的事感到內疚。我希望你擁有能抵抗內疚羈絆的力量；我希望你能說實話，並知道你能以尊重你在乎的人的方式，誠實地表達自身感受；我希望你擁有你應得的喜悅，不需要用不必要的擔憂、恐懼和焦慮壓抑住喜悅。

採取行動將自己從過度內疚中釋放出來，實際上就是釋放你自己，讓自己得以活出上帝為你創造的人生。這關乎你願意和渴望保持完整與健康、能用真相揭穿謊言，並且能夠大膽設立與尊重自己的個人界限。若是你願意努力克服恐懼，並相信有更好的生活方式，那麼我完全相信你能夠有所突破。

至於在某件事你真的有罪過的情況下，我希望你大膽地尋找內疚想要傳達的訊息。因為當我們以真相來處理內疚時，就能免於拘束接受自己需要在生活中所做的改變，從而讓我們的價值觀與日常行為保持一致，並開始做到能釋放自我的寬恕。

關於我自己

在著手撰寫這本關於內疚的書籍時，我並未意識到這個主題談論起來竟可以如此悲傷，甚至引起焦慮和各式各樣的負面情緒。

我是個「人生教練」（Life coach）。我的學歷背景是應用正向心理學（Applied positive psychology），而我最喜歡的研究都是關於正面情緒，並非負面情緒。因此在我更深入探究這個主題之後，才意識到我還沒真的準備好。我自問「寫這本書的目的是什麼？你能夠提供什麼樣的觀點，賦予讀者獨特的力量？教練學和正向心理學有什麼特別之處能讓人們不被困在內疚當中嗎？」這些問題的答案令我感到雀躍，同時也讓我充滿了想要幫助你獲得喜悅和自由的渴望。

許多關於內疚的書籍感覺都很沉重。我想正是因為如此，即使內疚剝奪了我們的喜悅，有些人仍會完全閃避這個主題的原因，這就是為何我刻意採取一種振奮人心的方法來克服內疚。我的任務是要激勵女性活出更為滿意的人生，但活出更為滿意的人生並不只是要找到正面情緒，還要能夠瞭解阻礙了更多正面情緒的那些負面情緒是什麼。換言之重要的是，瞭解負面情緒並非壞事，因為它們能教導我們。為此我們必須學著不能只是推開負面情緒，而是要讓它們成為我們的生活經歷的一部分：不逃避負面情緒，而是管理、甚至轉變它們。

在本書中，我會指導你一套能讓你放下內疚的方法，除此之外，同樣重要的是，我還會幫助你瞭解讓你更容易放手的動力有哪些。

什麼是「教練學」？

教練學是一種方法，能幫助你從目前的處境變為你想成為的樣子，並為過程中出現的所有障礙、恐懼與機會指引方向。我從二〇〇二年開始擔任人生教練，之後在二〇〇九年，成立了教練學與正向心理學（CaPP）學院（Coaching and Positive Psychology Institute），訓練出來自六大洲超過十五個國家與美國各州的私人與高階主管教練。我相信教練學，因為它很有用。

教練學對我的人生很管用，我也見證它轉變了其他人的人生，讓他們更清楚自己的願景、價值觀、使命與可能性。教練學幫助他們在面對困境時找到解答，並賦予了他們信心去做自己夢想中的事。

良好的教練學能打造出強而有力的突破。為了這本書，我研發出一套透過書寫來傳遞教練學概念，進而放下內疚的方法。我自己就用過這套方法，並運用它來幫助客戶與女性突破困境。我會在本書中分享他們的故事，告訴各位這些突破如何賦予他們力量，讓他們終於能夠放下困擾多年的內疚，在某些案例中甚至長達數十年之久。同樣重要的是，放下內疚改變了他們做決定、溝通與過生活的方式。

當然，我們現在是以書本的形式進行，而我要邀請你運用我給你的這些強而有力的問題（或我喜歡稱之為「強問」）來指導自己。我建議你把答案記錄下來，拿出筆記本、打開電腦，或甚至在手機上口述記錄到筆記程式裡。**因為比起在腦袋裡安靜地整理思緒，把想法寫下來更為有效**。很多時候，我們會因為一次想起了太多思緒，而丟失了某些想法，而失去的想法可能就是拼圖裡最重要的那幾塊。不把它們記錄下來，就會失去那塊能讓我們釐清一切的拼圖，因此即使閱讀跟思考相當吸引人，但如果你真的想要得到你所需要的答案，那麼我鼓勵你不只閱讀、思考，還要寫下你的想法。

過去幾年，在我運用這些技巧幫助客戶突破困境並放下內疚的同時，我變得更能靈活調整提問的順序。我發現這個方法並不死板，反而相當流暢。所以，請注意那些困擾你的答案，並深入探究原因，這會是你開始有所頓悟與洞察力的時刻。

若是你準備好要擺脫內疚，並做出能轉變人生與關係的改變，那你就來對地方了。我很期待擔任你的人生教練。我只要求你在我問問題時老實回答，因為這些問題能改變你的觀點、幫助你釐清問題、給予你勇氣，並且為你制定行動計畫。

在我引導他人試過這套方法後，我聽到一次又一次相同的反應，幾乎是一字不差地說：「我覺得好像卸下了重擔一樣。我覺得輕鬆多了。」內疚很沉重，總是讓你感到心力交瘁嗎？你不必如此，現在，該是時候放下它了。請讓我當你的人生教練，現在就開始吧！

第一章

你為何感到內疚？

克服內疚的第一步就是說出口

- 關於內疚的三個真相？
- 你的內疚是真？是假？
- 你的內疚清單上有什麼？

我才剛完成一場主題演講，對象是三千位來自世界各地數百家頂尖公司的女性領導人，走下講台時我感到精力充沛。我談及成功女性的思維方式有何不同，這個主題是這場演講的主要目的，但該組織還要求我進行分組討論，不過他們所訂定的討論主題，和我在教練學工作坊所探討的內容不太相關，是「職業父母工作與生活之間的平衡」。

雖然我的確寫到了與時間以及忙碌有關的內容，但我並不認為自己是育兒或職業父母這方面的專家。我四十歲之後才當了媽媽，我還在試著摸索方向，學著在家裡有幼兒的同時寫書、旅行和經營事業。這並非易事。所以在開始進行分組討論的時候，我決定要全然坦誠以待。

「聽著，」我這麼開始，「我是個人生教練。因此我會分享一些強而有力的問題，以指導你們找到答案，從而幫助你們在工作生活與個人生活的需求之間建立和諧。但老實說，」我幾乎是帶著歉意地繼續說下去。「即使我履行了自己的解答，有時還是會感到潛在的衝突：也就是『內疚』。在場有誰也曾經感到內疚嗎？」

馬上就得到了反應：抱怨聲、翻白眼、點頭如搗蒜。大家環顧四周看著彼此，看到共同的反應後，紛紛舉起手來。我戳到了痛處，她們想要談論這件事。我點到的每位女性都表達了自己的內疚。在場其他女性的點頭認同和嘆息聲都證實了她們不是唯一有這種感受的人。她們遇到的困境不盡相同，但內疚的感受卻是一樣的。

「每個月我都要為了工作出差一週，」一位初為人母的媽媽解釋著。「我離開九個月大的寶寶，但我先生把她照顧得很好。起初我們的安排都很順利，但其他女性的問題和評論不斷向我襲來，雖然都是一些微不足道的評論卻讓我感到內疚，尤其是一些被動攻擊性的話，像是『我不知道你為何這麼常不在家，我可做不到。』在工作上我不會說出自己的內疚，因為我怕會危及升遷的機會。」

「我因為沒有多陪伴父母而感到內疚，」另一位女性這麼說著，聽起來既慚愧又疲憊。「他們住在一百五十哩外的地方。他們年紀越來越大，我應該要多去探望他們，但我太忙了。怎麼會有女兒忙到沒時間去看自己年邁的父母？」

「我是家裡第一個大學畢業的人，所以有時候我會為自己的成就感到內疚。」一位三十歲出頭的女性接著說。「每當家裡有任何人遇到問題，尤其是經濟上的問題時，都會來找我。另外，因為我沒有小孩，好像每個人都認為我應該要一直幫忙。我會因為他們為了生計掙扎而感到內疚，但要是繼續救助他們，我就永遠無法在自己的目標上有所進展。」

「我因為沒有讓孩子準備好能夠『獨立謀生』而感到內疚。」一位五十多歲的主管帶著傷感輕輕地笑著說，她指的是還住在家裡的兩個成年兒女。「我為他們做得太多了。我想我是因為他們得生長在單親家庭裡而感到內疚，所以才很縱容他們。我是個自動自發、負責任的人，但不知何故我卻沒有這樣教育他們，而我應該要這麼做的。」

你的內心也充滿了內疚嗎？

每一位女性分享自己的故事時，其他人幾乎都點頭表示理解。事實上，我也曾和內疚拉扯過。早在感到身為媽媽才有的內疚之前，我就已經單純因內疚而內疚了。我的內疚清單很長：身為人生教練而有的內疚、離婚的內疚、拖延的內疚、本來可以做得更好的內疚、花錢的內疚、身為老闆的內疚、追求成功的內疚。

在我選擇的這份職業裡，我的生活對工作來說就像個實驗室一樣，所以我告訴自己，如果我要去指導別人和寫書，就不該有任何拉扯，我得是那個幫助別人克服難題的人。從混亂與拖延，到人際關係的挑戰與金錢，我都應該要知道所有的答案；也就是說，我並不允許自己當個正常人。

當然，這種內疚並不是人生教練和心理專業人士才特有的，我們也會在飲食不健康的護理師、搞砸自己財務的會計師，或覺得自己永遠達不到完美母親標準的全職媽媽身上看見。**當我們達不到理想標準時，就會更加自責**。

內疚會剝奪你的權利。身為人生教練，我告訴自己我沒有權利不知道問題的答案。與此同時，我也覺得自己失去了擁有動力的權利，甚至有時我會為了擁有遠大的目標而感到內疚。即使我覺得自己的目標都是為了達成某個目的，但總是會有感到疑慮的時候，讓我質疑這些目標是不是太自私了。所以當這些女性開始分享自己的內疚清單時，我也跟著她們一起頻頻點頭。

一直到那一天，在現場，我才明白其他女性多麼強烈地有所同感，以及我們面對了多少我稱之為「內疚困境」（Guilt dilemmas），也就是生活中引發我們內疚感的情況。為了測試工作坊的回饋是否只是僥倖成功，我開始在演講活動、教練會談以及日常對話中提及內疚。果然，每次只要提到內疚，得到的回應都是一聲沉重的嘆息。

我想要聽見更多觀點，所以我就這個主題調查了五百多位女性。她們究竟為了什麼感到內疚？以下只是其中一些人的說法：

- ◆別人認為我很成功是因為我的職業收入不錯，但是，我為了擁有「穩定」的生活，拋棄了所有能讓自己開心的事，為此，我覺得自己很失敗。現在四十歲了，我真希望過去自己能有勇氣被信念激勵，活出上帝賦予我簡單且獨特的願景。別人為我的「成就」喝采時，我感到很受傷，因為我不覺得自己讓最重要的人，也就是上帝，感到高興。
- ◆我因順利完成專案、高中和大學學業且不回家而感到內疚。順利買了新家獨立生活，但我的家人卻沒有，也讓我感到內疚。
- ◆內疚最終害我做了很多事。它害我離不開別人或責任，卻離自己很遠。……我不休息、我不放鬆、我不運動，而是不斷把自己、自己的時間、自己的工作、自己的能耐奉獻給其他人。我有能力，又看見許多需求和機會，所以就更加賣力。
- ◆有幾年的時間，我因為自身免疫性疾病，造成嚴重無力且行動不便。我先生有時候得要揹我上樓和協助我的日常活動，因為我太過虛弱無力了。我先生年紀比我小，所以有時候我會因為自己成為他和兒子的負擔而感到內疚。

◆ 直到參與你的調查，我才意識到自己背負了這麼多種內疚！也許我該回去檢視自己是否因此受到阻礙，然後學著放手。

事實上，根據我們的調查結果顯示，發現人們對「很多」事感到內疚，比如：

一、運動習慣（六十五%的受試者）
二、過往的選擇（六十四%）
三、飲食習慣（六十二%）
四、花錢習慣（五十九%）
五、精神習慣（如禱告、信任、學習、冥想得不夠多）（四十八%）
六、不夠照顧自己（self-care）（四十八%）
七、沒有更多的生產力（四十八%）

八、育兒（四十二％）
九、沒有達成期望（四十一％）
十、工作（三十七％）

關於內疚的三個真相

內疚有三個基本的真相。任何時候當你開始感到內疚，只要回歸這些概念，就更能理解情緒如何起伏，以及應該如何看待這個問題。現在，請閱讀以下三個真相，並且將它們牢記在心：

內疚是一種訊息。
內疚是一種罪債。
內疚是一種機會。

稍後會我一一分析這些真相，但首先，請大聲把它們唸出來：內疚是一種訊息、內疚是一種罪債、內疚是一種機會。

一、內疚是一種訊息

內疚是一種訊息，是你的良心試圖告訴你：（一）你造成了傷害或做錯事了，或是（二）你「告訴自己」你造成了傷害或做錯事了，即使事實上你並沒有。為此，你要做的就是準確解讀內疚的訊息，才能採取正確的下一步，適當地處理它。

記住這一點：**若是你誤解了內疚的訊息，就會做出不健康且適得其反的反應。**

二、內疚是一種罪債

內疚代表你有所虧欠，就像被判有罪的被告應該受到刑罰一樣。內疚告訴你，你的行為或無所作為都有其後果，有人必須受到補償，因此你必須放棄某樣東西，好比：你的權利、你的自由、你的金錢、你的發言權。同時，這也可能意味著，要是你無罪，就不配得到本來可以享受的好處。

記住這一點：**內疚會讓你付出一些代價，當你感到內疚時，這個代價就會影響你所做的決定。**

三、內疚是一種機會

內疚最強而有力的作用，就是它有「改變」或「接受」某件事情的機會，至於是哪一種，由你自己決定。與其用內疚怪罪自己和做決定，不如有意識地選擇你對它的回應。對內疚心存好奇，把它當作一個契機，讓你能：

- 釐清自己的價值觀與期望
- 原諒或被原諒
- 設立或堅定自己的界限
- 進行有意義的對話
- 在心靈上有所成長並堅定自己的信仰

◆成為更勇敢、更真實、更好的自己

把內疚視為一種機會能為你帶來希望，而希望能讓你充滿活力。換言之，內疚能改變你的觀點，有助於你為自己的人生設立新的目標。內疚，能讓你看見萬事都互相效力，你的痛苦有其用意。所以請記住這一點：**你可以「選擇」要如何回應內疚**。

什麼是內疚？

內疚，就最單純的意義來說，是一種「指出我們做錯事，並在某種層面上造成傷害的感覺」，而有錯的那個人就是感到內疚的那一方。英國《劍橋詞典》（*Cambridge Dictionary*）是這樣描述內疚：「一種因為你做了錯誤或不道德的事，而感到焦慮或不快樂的感覺。[1]」

內疚，不只是一種情緒上的感覺，也是一種生理上的感覺。當你感到內疚時會心跳會加速，腦中閃過的念頭是各種後果；你感到內疚時會胃部翻攪，對自己「做了」或「沒做」的事感到後悔沮喪；你感到內疚時肩膀會繃緊，害怕跟讓你感到內疚的人對話。

至於美國《韋氏詞典》（*Merriam-Webster's Dictionary*）對於內疚的定義，則做了兩個有趣的區分：

> （一）一個人犯錯，尤其是有意識犯錯的狀態時；（二）覺得應該要被怪罪的感覺，尤其是對於想像出來的過錯或是來自覺得自己不夠好[2]。

當我們做錯事或犯了「過錯」，就會感到內疚。這樣的過錯可以是預先確定、商定好的一套規矩，這套規矩可以是家庭、社會、機構或其他任何社會結構的實際法律或期望。然而，即使我們並沒有真的犯錯，也會感到內疚，因為內疚很主觀，而且是以個人價值觀、長處和期望作為基礎。

原則上，**內疚就是你覺得需要道歉的任何事物，即使實際上你並沒有道歉的必要**；受到內疚的情緒勒索時尤其如此（待會我們就會花一整個章節來幫助你解決這些問題。）

內疚是一種精神概念

在《舊約聖經》中，希伯來文「asam」的意思是「內疚」和「贖罪祭」（guilt offering）[3]，並指出內疚不是一種行為，而是一種關係概念；換言之，內疚關乎當事人之間的關係。有鑑於個人的罪過被視為個人失敗的行為，而這種行為所造成的關係破裂就是一種內疚的虧欠。由於我的罪過對你造成了傷害，關係因此出現裂痕。如果有可能修補的話，直到修補裂痕之前，我都會感到虧欠。

從這個觀點來看，內疚的重點在於虧欠：一旦你做錯事，就必須為此付出代價。被用來作為內疚和豁免罪過之祭品的這個字「asam」充分反映了這個概念：要是你有罪，就是有所虧欠。

但根據聖經學者的說法，「asam」這個字完全沒有在《新約聖經》裡出現過[4]，也找不到相等的字詞。然而，「賠償」與「虧欠」的想法並未消失，但要是有人得罪了我們或造成了傷害，我們反而會放手——也就是寬恕。同樣地，我們有罪的時候，上帝會寬恕我們。在某些版本的《主禱文》（*Lord's Prayer*）中，我們祈禱時不說「罪過」，而是「罪債」：

「赦免我們的罪債，好像我們饒恕了得罪我們的人。」（新國際版《聖經》，《馬太福音》第六章第十二節）

還記得我很小的時候在學著禱告，而禱告詞是：「赦免我們的虧負，因為我們也饒恕所有虧負我們的人」[5]，然後詢問祖母「虧負」（trespass）這個艱澀的詞是什麼意思。這聽起來確實很重要。我在這麼小的時候還沒有意識到這些字詞有多麼深的意涵，同時對我的信仰有多麼不同的影響。

寬恕是基督教的宗旨，而《新約聖經》透過無罪的救世主以一勞永逸的贖罪祭，直接處理罪過。自此之後，就一直努力要讓剩下的所有人明白我們是被寬恕的，而揮之不去的內疚感是我們自行加諸的罪債。

你在成長過程中學到什麼有關內疚的知識？你聽過什麼樣的心靈訊息，它們又如何影響你的內疚感？事實上，無論是好是壞，你在年紀還小時對信仰與內疚的經驗會影響你現在的感受。

我從小就是天主教徒。我永遠忘不了八歲在教會接受堅信禮，並開始去告解時有多麼擔憂。他們說我要定期去告解，告訴神父自己做錯的所有事情，這樣才能禱告，上帝才會寬恕我。但這實在令我感到害怕。我要怎麼記得每件事？我該寫一張清單嗎？要是我忘了某件事怎麼辦？果然，我感受到的內疚超出了三年級小孩做錯事應有的感受，像是作業沒做完或在晚餐時把幾片討厭的蒸秋葵塞進餐巾紙裡那樣。

我滿懷擔憂去找媽媽。「要是我沒有跟神父說每件事的話會怎麼樣？」我問她。「比如說，我的清單上只列了三個罪過，但其實有五個罪過呢？那會怎麼樣？上帝會認為我惹上大麻煩嗎？」我媽並沒有回答，因為在她內心深處其實認為，需要去找神父而非直接跟上帝告解才能得到寬恕這件事根本沒道理，但當時她什麼也沒有說。所以我盡責地記錄自己的罪過，希望我的罪每隔幾週就能被豁免。

也就是說，根據你聽過的信仰教義，無論是在成長過程中或成年後所聽到的，你所感受到的內疚，在某種程度上更偏屬於心理上的內疚，因為你沒有達成自身信仰的原則與期望，進而背負著虧欠的重擔。

內疚表示「你有所虧欠」

一個與內疚相關的隱含主題，一如既往地預測著我們的行為：內疚讓我們知道自己有所虧欠。內疚是一種罪債，因此它迫使我們不得不做出某種形式的奉獻。無論這個奉獻只是簡單的道歉、我們不想執行的某項義務，或願意原諒我們原本不會原諒的行為，**感到內疚時所採取的行動就是我們的奉獻**。如果你並不認同「奉獻」這個詞，那就考慮以下其他這些傳達類似行為的字詞吧：

- 過度補償。
- 以某種方式約束自己。
- 原諒不能被原諒的行為、態度或關係動態。
- 為了自覺是自己所造成的問題而「補償某人」。
- 將不公平待遇視為應得、可接受的事。
- 過度負責，同時允許別人不負責任。

當我們感受到的內疚是假的，也就是：其實我們並沒有做錯事，卻覺得好像做錯了事的時候，我們還是會覺得有必要以某種方式補償，而這可能會出現在我們每天的決定、言語和行為中。

「我有所虧欠」也可以呈現為「我不配」、「我格格不入」和「我做得不夠多」，更由於這些重複的語句，完美主義、沒有安全感、恐懼和比較等問題也會開始浮現。一開始很不容易看出來，但內疚通常是眾多情緒所造成的有害行為中的第一張骨牌，這正是為什麼我們每個人都必須走上自我的放手之旅。

加諸在女性身上的自我審判

如果以最傳統的意義來思考「罪過」這個詞，你可能會想到是一個站在法庭上被控有罪的人，正在列舉證據、進行辯護，最後做出判決。若是被判有罪，就會被判刑。

在我們的文化對於女性應該扮演的角色、應該如何扮演這些角色，以及是為了誰的利益來扮演這些角色，有著不同的看法。這當中有許多看法都深受家庭傳統和宗教影響，有些源自女性運動和媒體所描繪的形象，其他的則發生在我們自己的社區、工作或宗教場合，要不受身邊的榜樣與期望所影響，相當困難。

身為女性，我們經常會不自覺地審判自己。我們被指控的是什麼？未能達成自行加諸之期望的誇張罪名。而當我們被判有罪，就會被判刑，但通常是自己造就的，有時候還是無期徒刑。讓我們看看以下幾位女性自我審判的案例。

當金開始對接手的大量工作與任務感到不知所措時，竟出於內疚地不將壓力說出來。罪名如下：

- 身為執業心理醫生，她並未以身作則。有罪。
- 當她的病患感到不知所措前來找她，他們期待的是一個不會感到不知所措的人，所以她是個偽君子。有罪。
- 她的工作是要幫助人們變得更快樂。她應該要感到快樂，但卻沒有。有罪。

那麼，她的刑罰是什麼呢？

- 怪罪自己。
- 直到她完成所有的任務之前，都不准自己休息。
- 直到她把自己的工作調整好之前，都不能享受其他面向的生活。
- 拒絕或迴避所有讚美。

當凱莉的丈夫因毒癮毀了他自己的人生，包括他賺錢的工作之後，她結束了婚姻，並審判起自己。罪名如下：

- 選了不好的丈夫。有罪。
- 沒能為孩子找到另一個爸爸。有罪。
- 因為她錯誤的選擇，讓孩子得在沒有爸爸的情況下長大，傷害了孩子。有罪。

那麼，她的刑罰是什麼呢？

- 在要求苛刻的職業中長時間工作，盡可能多賺一點錢，以補償她所造成的損失。
- 放棄自己快樂的權利。在做了錯誤的選擇之後，她不配得到幸福。
- 為了孩子而非愛情再婚。

泰麗在二十多歲時完成大學學業，開始了自己的事業。在她遇見未來的丈夫時，她熱愛工作，並且對此充滿熱情。他愛她的其中一個原因，就是她的獨立以及對人生有所目標的熱情。但即使泰麗沒有說出口，她卻將婚姻與母職視為局限，所以他們一結婚，她就不斷在腦中審判自己。罪名是什麼呢？

- 沒有把房子打掃乾淨。有罪。
- 除了家庭目標之外，還渴望追求她的工作目標。有罪。
- 做任何能讓自己恢復青春活力的事。有罪。

那麼，她的刑罰是什麼呢？

- 總是在家裡忙進忙出，忙著打掃、煮飯和教養小孩，尤其是丈夫下班回家的時候。
- 壓抑自己的職業抱負。
- 完全放棄自我照顧，說這樣很自私。

多年來，女性的角色被明確且狹隘地定義，不過，過去五十年裡，這些角色受到多方的挑戰與改變。當我們踏入不符合過往傳統的角色時，相互衝突的意見和訊息就留下更多質疑的空間。許多女性做出不同於自己母親或家中其他女性長輩的事時，都有所同感。所以即使擁有長輩的全力支持，知道自己的選擇可以有所不同，還是讓她們產生了自我批判和自我評估的感受，從而感到內疚：**也許我做錯了。也許她們做得更好，我應該那樣做才對**。

想想泰麗把婚姻和母職描述為「局限」時，告訴我關於她媽媽的那些話。「我媽會說：『我沒有朋友，我和孩子度過了一輩子。』我家有九個小孩，我是老么，」她解釋著。「直到今天，她還是會說：『我都待在家陪小孩。』她為此感到自豪。這是在隱晦地告誡女兒也應該要這樣做。」

泰麗說，這感覺就好像媽媽之所以重複說這些話，是為了要讓自己對於「放棄了那麼多」的事實能夠覺得好一點。「她現在八十幾歲了，朋友不多。我想她會想要追求一些個人興趣，但她沒有。我不希望自己或女兒也是這樣。」

泰麗承認她經常審判自己。或許那是她媽媽的心聲，或許是教會裡那個訊息的回音，但即使別人並未審判我們，我們也經常審判自己。與此相對，男性似乎根本不會如此，或者，至少不像女性那麼頻繁。

真內疚？假內疚？

促使我寫這本書的，並不是真的做錯事的那種內疚，而是每當我向女性提及內疚這個話題時，一貫得到的沉重嘆息。這種嘆息就是我所謂的「假內疚」：即使你並沒有真的做錯事的內疚「感受」。

然而，這並不是說我們不去做確實需要補償的事，我們會做，但我們花了大量的心理和情緒能量對自己的日常生活，諸如為家庭和事業做出真實合理的選擇、為自己騰出時間、沒有達成完美女性的某些社會標準，以及在人際關係中應該要扮演的角色等感到內疚，進而導致了「假內疚」。壓力是真實的，令人疲憊的內疚感也是。

所以在本書裡所使用的 guilt 這個字，我指的很簡單，就是**你做錯了事的感覺**。我故意使用「感覺」這個詞是因為，正如我們討論過的，即便其實你沒有罪過也可能會感到內疚。另外坦白說，你也可能有罪過卻不感到內疚。

「沒有罪過卻感到內疚」時會導致自我破壞的行為、人際關係失調，並產生微焦慮，讓你覺得自己應該要更清楚、做得更好、表現得更好。**無論我們認為怎樣才「對」，這種內疚都會讓我們因為永遠做得不對而怪罪自己**，這就是我所謂的「假內疚」。所以在這整本書中，當我談到內疚，請假設我說的都是假內疚，除非我有明確地說是真內疚。

真內疚是真實的，是我們在做錯事或造成傷害時，應該要感受到的內疚。雖然我們會談論到實際做錯事時感受到的內疚，以及在這些情況下該怎麼辦，但這本書主要都是關於假內疚。假內疚有點像是你「應該」要做得更好的心情，而「應該」就是關鍵字，這個斥責的用字告訴我們自己達不到標準，因此需要為此做出彌補。

真正的內疚與其說是一種感覺，倒不如說是個事實。你出於挫折對孩子大吼大叫、你忘記在姐妹生日的時候打電話給她、在工作上搞砸了一個專案，你可能會因為這些事「感受到」假內疚，但根本不用懷疑自己是否真有罪過，你就是有。因為事情發生了，正確的做法就是承認，然後盡你所能地補償，避免再次發生同樣的事。但即使在這些你真得做錯事的情況下，所謂的「勇往直前」是指你在償還罪債後放手，如此才能重獲自由。

相較之下，假內疚會在平凡的日常生活中出現，比如，即使沒有什麼好感到抱歉的事，還是不斷地說著「抱歉」。我最近看到一名年輕女性在飛機狹窄的走道上試著往座位前進，她幾乎對經過的每個人都說了「抱歉」。飛機上有兩百人都帶著過大的行李要往自己的座位去，但只有她一個人在道歉。她為什麼要感到抱歉？我猜是因為占了空間。

我們道歉時，潛意識裡就是認為自己造成了問題或傷害，所以每當你聽見自己說著抱歉，請先問問自己「我造成了什麼問題？」若是沒有，那麼或許還有比「抱歉」更恰當的字詞。

什麼是「假內疚」？

我之前提到了幾位女性的例子，她們的假內疚導致她們做出後果嚴重的決定，而且在每個情況下，即使她們並未有意識地說出口，「我有所虧欠」這句話都清晰響亮地重複著。

妮可透過諮商想要從離婚的餘波中恢復過來，而這趟療傷之旅的一部分，就是要追溯她經歷過的一切，以便更加瞭解為何這段婚姻會以失敗收場。

起初她並不願意承認，但她在訂婚前後都對這段關係有所保留，而她還是選擇忽視自己的疑慮結婚了。事實上，她訂過兩次婚。第一次是在幾年前。當時她留意到警訊，取消了婚約。妮可說她的男友非常難過，他拒絕接受，分手拖了幾個月的時間，她用各種不同的方式解釋自己看不見他們兩人的未來。她道歉，她覺得很糟糕。對方求她重新考慮，詢問該怎麼做她才會改變心意。她並未設立界限，而是出於內疚默許了他的請求，沒有堅持自己說過的話。所以在幾個月情緒滿溢、來來回回的對話之後，她才終於結束了這段關係。在結束之後，她感覺非常糟糕。她和男友認識幾個月後就訂了婚，她解釋說事情進展得太快了。她覺得自己太年輕、還沒準備好要結婚，但他顯然真的無法理解她的想法，而且似乎被她的決定傷得很深。她從來就不是故意要像這樣傷害他或任何人，但她必須忠於自己。

然而，她媽媽卻說了一些讓她感到更加內疚的話，就好像妮可還覺得不夠糟一樣。幾乎每次一提到取消婚約這件事，她媽媽就會重複這些話「可憐的傢伙，妳真的傷透了他的心。」雖然媽媽看似是開玩笑地這樣說，但妮可知道她話中帶著一絲嚴肅：他的確被傷了心，即使那並非她的本意。

幾年後，她的前未婚夫又回到她的人生中。這時候，妮可開始懷疑自己在感情上有沒有未來，因為她已經三十歲了，而她所有的感情關係都並未讓她走入婚姻。在她看來，自己**「應該」**早就要結婚了（請注意，「應該」就是關鍵字）。她開始怪罪自己，因為「真命天子」沒有出現。她開始相信熟人和家人的話，說她「太挑了」或比起感情，她「對事業更有興趣」。這些話語很傷人。沒錯，妮可的標準很高，但她覺得如果要考慮跟一個人共度餘生，這一點很重要；妮可熱愛自己的事業，而且她做得很好，且並不至於損害自己的個人生活。這些閒話開始影響她，她甚至發現自己和朋友聊天對話時都重複著這些話語：「也許我真的太挑了，也許我的期望不切實際，也許我不應該太重視事業。我是說，我不認為自己太常提到工作，但也許我有……。」「我不夠好」這句話開始重複在她腦中迴盪。

對於前未婚夫是不是對的人，她還有所疑慮，但時間會讓人有所改變，而她希望他們倆都有了正向的改變。「過了這麼久我們還能再次相遇，一定是有原因的。」她心想，所以她決定要給他第二次機會。內疚就是在這裡害她犯了錯。

在離婚療傷的過程中，她回顧帶她走向婚姻的每一步。就是在這時候，她準確地找出完全受到內疚驅動的關鍵決定。

對於幾年前分手一事依然感到內疚，且感受到前未婚夫依然很受傷，為此，她基本上是跟自己達成了協議。

「我們當時約了吃晚餐，」妮可回憶著。「那大概是我們恢復聯絡之後的第三次見面。我還是對於當時取消婚約為他帶來的痛苦深感內疚。這麼多年後，跟他出去還是讓我很猶豫，因為我覺得自己可能又會傷了他的心。但平心而論，我至少不該讓他又抱持希望。我們邊吃晚餐邊討論是否要再給這段關係一次機會。我同意可以再交往看看，但我打從心底告訴自己，我不只是同意交往而已，甚至是同意要嫁給他。因為這些年來他對我的感情始終沒有變過，我知道，交往只會迎來另一次的求婚。不過，我覺得這只會導致他同意交往，但抗拒最終會到來的求婚。我的內疚讓我覺得自己欠他一段不會再次分手的關係。」

妮可被自己這樣的坦承給嚇壞了。他們決定要再次交往的時候，她默默地和自己達成了協議：這是你欠他的，因為你傷了他的心。你不能再那樣做了。

她更加誠實地面對自己，承認自己和一個加深她內疚並且以此操控她的人在一起。這段婚姻讓她承受情緒虐待，即使當時她並沒有看出來，但打從一開始便是如此。她不會為別人這麼做，但卻幫他找藉口；她為他感到難過，某種程度上是因為他總是故意提醒她，說她的成長過程比他輕鬆，而這就成了他自大狂怒、情緒爆發和不斷嚴厲批評的藉口。這一切都始於妮可接受了自己有所虧欠的想法，而不是原諒自己太快訂婚，給予自己只是凡人、能從錯誤當中學習的恩典。若她有這麼做，就不會覺得自己有所虧欠，更不用說同意踏入一段讓自己感到不安的婚姻了。

當「我有所虧欠」轉變為「我不配」

雪莉的「我有所虧欠」變成了「我不配」。她不會和老闆談起加薪的話題，即使她上次加薪已經是三年前的事了。她熱愛自己的工作，雖公司很小，但福利很好，包括能讓她隨心所欲、彈性地安排行程。不過她的責任大幅加重，薪水卻停滯不變。她似乎覺得自己對公司給予她的機會有所虧欠。她可以有所彈性、銀行裡也有錢，且比她過往所擁有的都要來得多。同時她努力進修、習得技能，足以賺得更多，卻不歸功於自己。她辯解著說，就因為自己承擔了更多責任，不代表就一定該獲得更多的錢。

「我知道其他跟我一樣有所貢獻的人賺得更多。」她心想。不過「我還是比家裡大多數人賺得都還要多，所以我想，我覺得自己要求加薪好像太貪心了。而且，為我的老闆工作並不費力，這是一間好公司。」所以雪莉閉口不提，她接受低於自己所應得的薪水。

為了回應內疚感而在心裡重複著「我有所虧欠」這句話，會掌控你的行為，並產生讓你處於不健康、不平衡處境的後果，需要好幾年的時間才能夠克服。妮可在一段失敗的婚姻裡度過了許多年，雪莉則多年來放棄了數千美元的收入，而這些錢本可以用於她的家庭，作為償還債務、存為應急資金，或幫助他人之用。

「我應該……」是內疚的潛台詞

讓我帶你回到不久前，在我決定不再一直怪罪自己、重拾喜悅之前的某天早晨。也許你也有過這樣的一天。

這天早晨是這樣開始的：我熟睡著，做著幾分鐘後就不會記得的夢。在夢裡，我人一定是在外面，因為我聽到了小鳥輕輕的鳴叫聲，微風吹拂著森林裡的樹葉。聽起來這隻小鳥好像有一、兩位朋友。等一下，牠有一整個家族，牠們的鳴叫越來越大聲……，討厭！是我的鬧鐘。

我把鬧鐘設定為柔和的森林聲，是因為我討厭在驚嚇的狀態下醒過來，更討厭睡眠被突然、刺耳的嗡嗡聲或吵雜的音樂打斷，所以才設定了大自然的聲音。這天早上小鳥進入了我的夢裡，而我呢，半睡半醒，但意識到是時候該起床了、不情願地想起自己雄心勃勃的早晨運動計畫。

但我還沒有準備好。所以，還半睡半醒的我，在腦中進行了一段對話：

這是我應該要在其他人起床之前就早起去運動的早晨。外面仍然是一片漆黑。我可以達成計畫的，只要我現在就坐起來，把腿放到……

我深呼吸，嘆了一口氣。這是內疚的嘆息，因為我清楚知道自己會怎麼做。我把手從被子底下拉出來，伸手摸了摸我的鬧鐘。我知道不應該，但我按下了貪睡鍵。負面情緒籠罩著我，就好像在我舒適的床上多添了一層床單一樣。

我的一天才剛開始，就已經感到內疚了。

但這才只是剛開始而已。我錯過了運動。內疚。

我媽媽打電話來。我接聽的時候，她說：「噢，我以為你現在已經在上班了。」她說得對。我也以為我會，但我遲到了！內疚。

我注意到手機上的日期。糟糕！今天是我高中最好的朋友生日的隔天，我昨天忘了打電話給她。內疚。

稍後開車時，我在等紅燈，卻忍不住想要拿起手機的衝動，查看自己在社群媒體上最新的貼文。內疚。

抵達公司後，我打開一封來自我兒子老師的電子郵件。我忘記在校外教學表上簽名了，而校外教學就是今天。內疚。

我看到和自己事業類似的企業推出新產品的消息時，不是受到吸引，而是馬上就覺得自己在事業上做得不夠多。內疚。

讀到這裡，你大概知道了，這些內疚感是如此自然而然，我甚至沒有真的意識到它們。**我只是一直有一種達不到標準的感覺，然後相信只要自己更有條理一點，就能把事情做得更好**。這是個很熟悉的敘述，是我常常告訴自己的故事，直到我察覺到自己的想法，並且開始改變它們為止。內疚並不總是關乎對另一個人感到虧欠，更多時候往往是關乎達不到我們自身期望的感受，包括我們認為上帝對我們所抱持的期望。

真內疚是精神導引；假內疚是精神歧路

從心靈上的觀點來看，假內疚甚至不算是「你的」罪過，而是「盜賊」（Enemy）用來竊取你的喜悅、譴責你的本質與扼殺你夢想的武器。如果聽起來十分戲劇化，那是因為它確實如此。「盜賊來了，無非是要偷竊、殺害、毀壞。」（《約翰福音》第十章第十節）。這就是假內疚的謊言所造就的。不同於真內疚的是，假內疚是一種感覺，而非事實；假內疚是譴責在悄悄地說著：「你不夠好。你做得不夠多。你總是做得不對。你應該要覺得慚愧。**你需要付出代價**。」

然而，即使你「確實」犯了錯或做錯了事，真內疚也改變不了什麼，除非它讓你採取不同的行動為止。對自己的行為有所自覺，並且真心決定要有所改變，才是上帝想看到的。「盜賊」知道要是你沉溺在內疚之中，就會浪費自己寶貴的時間。然而，要是你相信內疚讓你一點價值也沒有，那麼「盜賊」就贏了。記得，你不會從自身經歷中汲取到智慧或將痛苦轉變為目的，相反地，你會將內疚視為自己漫無目的的證據。

內疚的五種思維模式

好消息是，**認知行為研究顯示，如果你改變自己的想法，就能改變自己的情緒**[6]，這一點，無論對於內疚或其他任何情緒來說都是如此。因此，當你察覺到自己正在錯誤地將自身行為解讀為對他人有害時，可以重新建構思維，選擇更準確的方式去看待這種情況。透過改變你的想法，就能改變你的感受，也就能不再感到內疚，甚至能開始感到喜悅。我們會在接下來的章節裡，討論確切該怎麼做。就目前來說，我希望你留意導致內疚的想法。

之所以會感到內疚，一定是有某個念頭讓你有這種感受，而這個念頭就是對事件的解讀。是陳述、是控訴，最終是你對於自己面對的困境所得出的結論。我已經找出一些導致內疚的思維模式。雖然你可能會以不同的方式表達自己的想法，但它們很有可能屬於以下五種思維模式之一：

一、「我做錯事了。」

之所以會感到內疚的最基本原因，是對做錯事感到糟糕，而**這個「錯誤」的概念則是由**

你個人的價值觀而定。所謂的價值觀，就是你認為重要、有意義的事物。這些價值觀受到不同原因影響，例如：你的成長過程、你的信仰和你的文化。換言之，你認為錯誤的事，在其他價值觀不同的人身上可能不這麼認為，反之，別人認為的錯事，你可能也不這麼認為。

就社會層面來說，「錯誤」的概念是由法律、體制或組織規範而定。無論你個人是否認為這是錯事，都可能被視為有罪，因為更大的群體已經定義了對錯。別人可以說你做錯了，但要是你的價值觀和他們的不一致，你就不會感到內疚。

二、「我相信自己對某人或某事造成了傷害。」

把自己的行為解讀為有害，即便事實並非如此，也會產生內疚感。這種思維模式是有相關性的：你覺得很糟糕，不僅是因為你相信自己做錯事，更是因為你做的事造成了別人的痛苦或問題。不是只有你，其他人也感受到了後果。

三、「我做得不夠多。」

當你認為自己做得不夠多，就會感到內疚。這適用於你認為應該幫助別人的情況，比如：生病的親人、倒楣的同事，或甚至是你自己的孩子。這同樣適用於你對自己「應該」多認真工作所設定的期望，以及「應該」對專案或任務付出多少努力。這些想法受到你對「多少才算足夠」的判定所驅使。因此有人認為自己做了很多的同時，做了更多的人可能還覺得自己做得不夠多。

四、「我比別人擁有得還多。」

對於好運的內疚，源自於別人正在受苦而你卻很成功的念頭。這背後的想法是，或許你擁有不公平的優勢或接受了不該有的福分，或其他人經歷了不該有的不幸；甚至在你做出帶來好運的良好選擇，而別人做出招致不幸的糟糕選擇時，這種想法也會出現。此外，察覺到天賜的恩惠對你的好運發揮了作用，也可能會導致這種想法，讓你認為事情這樣發展並不公平，你只是比較幸運，才享受著比應得的還更多的福分，而別人卻並非如此。畢竟，為何你有這樣的福分，別人卻沒有？

五、「我並沒有做某件事，但我想做。」

你考慮做不對的事。你其實沒有做任何事，但光是曾經「想過」或「考慮過」要這麼做，也會讓你感到內疚。或者，也可能甚至不是有意識的行為，比如：你夢到自己想要某樣東西或做某件違背自己價值觀的事，而當你醒過來的時候，你想起了自己的念頭。

這種思維模式同樣適用於你想要做好事，卻沒有做到的情況。你因為從來沒有去實踐這樣的善意而感到內疚。

不要讓內疚為你做決定

當我決定是時候該放下內疚時，我學到關於內疚的第一件事是：要掌控內疚感，通常比要掌控因為這些感受而選擇做的事還來得困難。因此我意識到，我需要學會把自己的「感受」和「行為」分開。

在人生旅途中，你可能無法掌控這些思維模式是否會在任何一天出現。有時，會有念頭突然冒出來，然後一路跟著你走，但你是否允許它處於主導地位、開始掌控你的選擇，就看你的決定了。

透過察覺到內疚的存在，你就能夠有意識地卸下它。不要忽視內疚感，而是應該和它們交談，並大膽地說：**我看見你就在那裡，但我選擇不聽你的。你不能為我做任何選擇。我會積極努力地擺脫你，但即使我不這麼做，也要知道你不能為我做決定**。

標示你的內疚

研究人員表示，「說出」或為你的情緒「貼上標籤」，是掌控情緒極為重要的一步[7]。當情緒在心中浮現時，予以標籤，就能讓你在情緒和你對它的回應之間產生距離[8]。這在面對諸如內疚之類的負面情緒時尤為重要，因為人們往往會根據情緒做出反應。

想像一下你曾出於內疚所做的決定。現在想像一下，要是你在做出決定之前，有先停下五秒鐘說「那是內疚」，然後有意識地停頓下來、深呼吸一口氣再做回應，會如何呢？

加州大學洛杉磯分校（UCLA）研究員馬修・利伯曼（Matthew D. Lieberman）稱之為「情感標籤」（Affect labeling）[9]。「情感」是情緒狀態的心理學術語。根據他進行的功能性磁振造影（fMRI）研究顯示，當個體標記了情緒，其大腦情緒中樞，包括杏仁核（amygdala）的活動就會減少。你的杏仁核歷程在調節情緒和行為方面扮演著重要的角色，因為杏仁核以其「戰鬥或逃跑」（fight-or-flight）的反應作用聞名。當你感受到恐懼，杏仁核會處理它，並幫助你進入生存模式。內疚感通常伴隨著恐懼，也就是對負面後果的恐懼。舉幾個例子來說，比如拒絕、怪罪和不認同。標記內疚，然後停頓下來注意它、深呼吸一口氣，就能讓你有機會慢下來，以不同的方式處理它，從而打斷自動的戰鬥或逃跑反應。

透過為自己的情緒貼上標籤，就更能察覺到它的存在以及讓它接管自身反應的危險。為什麼？因為標記它會造成中斷，也正是你能在當時停下來重新掌控自己想法的機會。換句話說，就是對自己說「內疚剛剛出現了，而且想要掌控一切。停下來呼吸吧。」

我想起和兒子艾力克斯的那個早晨，當時他問道：「我可以在餐桌上吃麥片嗎？」想像一下，要是在聽到問題和回應之間的幾秒鐘裡，我有注意到自己的念頭，並且說：「那是內疚」，然後深呼吸一口氣，那麼我就可以做出「回應」（respond），而不只是單純做出「反應」（react）。**反應是自動的，而且通常是受到情緒和衝動所驅動；回應則是有意識且刻意的**。

這個簡單的標記步驟對我們感到內疚的小事來說十分重要，對大事來說則是尤其有用。想像一下，若是妮可有標記自己和前未婚夫分手的假內疚，然後停頓下來對承諾一段讓自己感到不安的婚姻這件事掌控自己的決定；想像一下，要是雪莉有標記自己對於要求加薪的假內疚，然後拒絕讓它阻止自己說出口。最重要的是，想像一下要是下次假內疚在對話中出現的時候，你標記出它，然後在做出反應之前先停頓下來，你會有什麼不同的做法嗎？

現在，花點時間去找出內疚經常在你生活中出現的方式，而這就是「內疚清單」的開端。這是釐清你一生中最想要克服的內疚的機會：你想要放下什麼？即使現在你還不太確定該怎麼做。

內疚清理練習

寫下你的內疚清單

在你坐下來寫清單時，問問自己此時是什麼樣的內疚讓你想要閱讀這本書。記住：內疚清單的目的並不是馬上就要解決任何事，只要找出讓你感到內疚最關鍵的事情就好。讓我們把清單上的項目稱為你的「內疚觸發因素」（guilt trigger）。

我知道，我都知道，你現在可能可以寫下一百件事。你並不孤單，但現在，我只邀請你選出三個：讓你最痛苦和最焦慮的是什麼？奪走最多平靜和喜悅的是什麼？我希望你從這裡開始。隨著我們繼續這趟旅程，你將會具備所需的知識和工具，能逐步解決內疚清單上的問題，並找到你所渴望的自由。

我的內疚清單

1. ____
2. ____
3. ____

第二章

剝開內心的洋蔥

認識與改寫你的內在敘事

- 如何敘述自己的內疚困境？
- 如何運用「剝洋蔥法」（PEEL）放下假內疚？
- 如何運用「六 A 法」來克服真內疚？

聽莫妮卡說的話，你會以為她的第一個小孩誤入歧途。但實際上，她的大女兒珍娜是個有兼職工作的二十歲大學生，住在家裡、謙和有禮，而且對她十一、二歲的妹妹來說，是個好姐姐。

「我覺得自己辜負了她。」莫妮卡聲音中夾雜著後悔、羞愧和內疚這麼說著。「我不認為自己有成為女兒的好媽媽。現在我有了第二個孩子，才發現自己第二次當媽媽當得比較好，有先生還有更多資源。我只是覺得自己沒有好好對待她。」

這是莫妮卡最根深蒂固的內疚。每天和女兒們互動時，她都會想到這件事。「我陪小女兒嘉貝麗做功課時，就會想到自己應該要在珍娜小時候，多花點時間陪她做功課。」莫妮卡說。「這種感覺很糟糕，因為我對嘉貝麗做了對的事，同時又批判起自己，認為珍娜在嘉貝麗這個年紀的時候，我沒有為她做這麼多。」

我和莫妮卡進行了一場教練會談，以幫助她放下多年來讓她心力交瘁的內疚。在我和她的對話中，我看見多種內疚的思維模式，而我的目標就是要幫助她認識這些模式，並且破除它們，如此一來，她才有可能突破困境；而你，也同樣需要如此才能有所突破。

「教練學」是放下內疚的好工具

教練學是一種強大、審慎的方法，能賦予人們力量，讓你從目前的處境變為你想成為的樣子。我是一對一指導了莫妮卡，但在本章中我會教你技巧，讓你能夠指導自己。無論是由我指導或是自己指導自己，它都能幫助你停頓下來，去注意產生內疚的多層思緒。**透過逐一、逐層地「剝洋蔥」，你就能夠選擇哪些想法要保留、哪些想法要放下**。當你放下不真實、甚至是與社會規範相悖的疊層時，內疚的重擔就會開始從肩上卸下，讓平靜與喜悅的輕盈能夠取而代之。

我研發出一套專門處理內疚的教練學方法，稱之為「剝洋蔥法」（PEEL），是你稍後會學到的各個步驟名稱中其句首的字母縮寫。我曾將此方法運用在客戶身上，甚至也指導過自己。剝洋蔥法根源於我稍早提到的長期研究，跟你的想法、感受與行為之間的關聯有關。

要成功指導自己，需要具備三個基本要素，它們很簡單，但你必須要有意為之。首先，你必須要停頓得夠久，讓自己平靜下來，才能注意到自己的念頭；其次，你必須提出強而有力的問題，才能瞭解自己感受到的內疚的真相；最後，你必須誠實回答。根據你所面對的內疚困境，恐懼可能會導致你逃避、否認或扭曲事實。不要這樣做，「因著憐憫和信實，罪孽得贖」《箴言》（*Proverbs*）第十六章第六節這樣承諾著。記得，拒絕讓恐懼困住你，而是要擁抱愛與事實。

在深入探究我指導莫妮卡的對話前，讓我們先來看看如何執行「剝洋蔥法」，以找出你的假內疚從何而來。

剝洋蔥法（PEEL）

在這個方法的每個步驟中，用一個強而有力的問題指導自己，然後持續問問題，直到你得出一個簡要並且與事實相呼應的答案。

準確描述你的內疚觸發因素（P）
——我的內疚觸發因素是什麼？

無論這個內疚是否合理，你的內疚觸發因素，就是導致你感到內疚的情境。透過準確描述，就等同於為內疚貼上標籤，而這會促使你停頓下來。此外，還會讓你更能夠察覺到這種特定的情境或情況，有可能會導致你做出自我破壞的決定，如此，當觸發因素出現時，你就能做好準備，知道自己需要慢下來，運用自我指導的工具，比內疚優先掌控住自己的反應。

檢視你的想法（E）

——關於這個內疚觸發因素，我對自己說了什麼？

這個步驟會讓你毫不設限的想法顯現出來。每當你想到這個觸發因素，你都對自己說什麼？無論你對自己說了什麼，都會建立起你的「敘事」，也就是：**關於這個情況，你對自己所說的故事**。不過首先，你必須找出這個敘事是什麼；這就是這個步驟的作用。

我們每個人的腦中都會不斷出現敘事。儘管有些敘事有益，能釋放情緒，例如：「我就自己當時所知與所能盡力而為了」、「從那之後我學到了很多，所以我成為了更好的人」、「我原諒自己原本所不知道的事，並對現在有機會能做出更明智的選擇而感到期待」，但有些敘事則有害，會引起內疚，比如：「我早該要更清楚，並且做得更好」、「我的小女兒比大女兒接受到更好的養育，這並不公平。我騙了她！」

當你承認自己對內疚觸發因素的真實想法時，就能檢視這些念頭，並決定它們是否準確、真實且有益。而接下來我們要做的，就是必須改寫謊言的敘事。

把謊言換成真相（E）

——以這種情況來說，更準確的想法是什麼？

這個步驟是改寫敘事的機會，好讓你能開始針對這個情況，講述嶄新且真實的故事。這些新的想法能讓你在決定下一步要採取什麼行動時，更加清晰有力。此外，這些想法會引導你從信心、愛與事實出發去做出回應，而非出於內疚。

列出你的證據（L）

——對於這種情況，什麼樣的行為、價值觀或證據能支持這個真實想法？

假如你想要對自己新敘事的真實性有信心，最後這個步驟就不可或缺。檢視自身想法時，最重要的就是要能找到告訴你它們是否真實、準確的證據。在最後這個步驟，只要列出證據，證明你把謊言換掉之後的想法是準確、真實的就好。

「我的大女兒待人親切、心地善良；她在大學期間不斷進步；她是個勤奮的人，半工半讀；她是個很會鼓勵妹妹的姐姐，也是個窩心的女兒，由此可見，我在養育她長大的過程中做對了很多事。」看起來也許一再重複，但這樣做有個重要的目的：這個證據支持並強化了你的新敘事，然而這個敘事需要練習和重複才得以生存。

這個將內疚層層剝開的教練學方法，並非總是一路平順。突破困境時，幾乎總是情緒滿溢。無論你經歷興奮、驚訝或發洩、安慰的淚水，**最不可或缺的都是你的誠實**。你願意老實「說出」自己的想法，最終就能讓你清楚地「看見」真相，無論這個真相是揭露了需要被處理的真內疚或是需要被鬆開的假內疚都一樣。

你的敘事，就是你告訴自己關於自己人生事件的故事，是你選擇的一連串思緒，解釋你的人生發生了什麼事，又是如何與為何如此發展。你的敘事會影響你的感受，因此也會影響你對於接下來故事中發生的事所做的決定。所以**若是你的敘事在你無罪的時候說你有罪，那麼接下來會發生的事，可能就是懲罰、補償，或甚至是羞愧**。不過，好消息是你可以改變敘事。你可以選擇新的想法，而這些想法會產生真實、能夠釋放情緒的敘事。我所發明的「剝洋蔥法」就是幫助你改寫敘事的最佳工具。當你感到內疚，尤其是被假內疚困住時，可以一再運用這項工具，深入釐清自身想法。「覺察念頭」是一種復原力技巧，能讓你瞭解自己對人生中特定觸發因素的反應。

案例分享：莫妮卡的剝洋蔥法教練會談

我特意和莫妮卡進行了教練會談，以幫助她將困擾她的想法與內疚情緒層層剝開。你會看到隨著我的提問，她能逐漸找到真相，並鬆開自己承擔了二十年之久的內疚。透過看到這些疊層，她便能清楚看見自己對於情況的解讀，是如何造就了她應該要放下的假內疚，同時，也讓她能夠承認自己感受到的真內疚，並原諒年輕時的自己，好讓她能夠自由、自信地掌握自己的故事，而不會感到羞愧或難堪。原則上「停下來」將她的故事層層剝開，並對自己所創造出的敘事提出疑問，都讓她能夠掌控敘事並重新改寫。

莫妮卡的觸發因素始於她還是青少年的時候。她懷孕時還是個十七歲的高三生，而且是個勤奮努力、熱愛學校的優等生。孩子的父親是她兼職工作的老闆，大她八歲，但並不願意負起責任。在珍娜年幼時的頭幾年，無論莫妮卡多少次試著要讓他跟他們的孩子建立關係，都被他拒絕了。莫妮卡下定決心即使情況糟糕也要盡力而為，因此她決定要一邊上大學一邊全職工作，獨力撫養女兒長大。這很困難，非常困難，但她想要盡力讓女兒過上最好的生活，而且她相信繼續進修能夠讓自己做到這一點。

但試著要做到這一切需要付出代價。她有家人幫忙，在她去上班和上學的時候照顧珍娜，但莫妮卡上班到下午五點，然後直接去上夜校，每週有三天大概晚上十點才到家。在「休息」的週間晚上和週末，莫妮卡專注於打掃和買菜，而不是全心陪伴女兒或特地教她、幫助她成長。為此她不斷自責，為了珍娜「還不知道未來想要從事什麼職業」、「總是把錢花在看電影和外出用餐上而不是存起來」，以及「成績不好（不如自己預期的那麼高）」而怪罪自己。

我不知道你怎麼想，但聽著莫妮卡對女兒的擔憂，我心裡想著兩件事：（一）珍娜聽起來就像正常的二十歲年輕人；（二）我不一定就會將莫妮卡對大女兒的擔憂，歸因於她身為媽媽的養育方式。只因為孩子還不知道自己想做什麼、把過多身上的錢花在娛樂和外出用餐上，而且沒有拿到優等成績，就認為「我是個失敗的媽媽」，若這是如此，那就表示即使是最有愛心、最有耐心、最了不起的父母都可能很失敗！

當我詢問莫妮卡：「你對什麼感到內疚？」她回答：「我對女兒沒有走在正軌上而感到內疚，那是因為我應該要當個更好的媽媽。」這是剝洋蔥法的第一個步驟——準確描述你的內疚觸發因素。在日常對話中，很容易就會把莫妮卡的回應當作事實，而且心想「哇，那感覺一定很糟糕。我想像得到你有多內疚。」

這就是為何剝洋蔥法的第二個步驟「檢視你的想法」是關鍵。**你不能僅只是因為有想法，就把它們當作事實**。正因為你的思緒會支配你的內疚感，所以你的想法就值得被關注、被瞭解，所以開始回推這些想法吧！

對自己的想法保持好奇

好奇心是一種工具，也是一種天賦；它是你內心的偵探，挑著眉、手裡拿著放大鏡，問著：「那是什麼？是真的嗎？為什麼？但這邊這個證據又怎麼說？」為此，請對你的想法和造成你內疚的情況與原因，始終保持好奇。

例如，當莫妮卡的想法和後續隨著情況而來的內疚讓我感到好奇時，我指出了三件接續發生的事。當下並不容易注意到它們互相牽絆，但重要的是去理解它們：

觸發因素→想法→反應

這個自我覺察的模式對我們感受到的任何情緒來說，都是如此。這個強而有力的工具有助於你看見在面對觸發因素的時候，自己的反應（感到內疚，然後出於內疚採取行動）如何與你所選擇的思緒互相關聯。當我們更具體描述內疚時，它看起來就像這樣：

觸發因素

讓你感到內疚的情況

想法

關於內疚觸發因素，你對自己所說的話，
通常呈現為五種內疚思維模式之一

反應

內疚情緒，以及你為了緩解它所引起的
不適所採取的後續行動

這個簡單的模式能幫助你更能察覺到自己的想法，以及它們如何產生你的情緒和行為。大多數人從不暫停下來思考自己在想什麼。當你這麼做的時候，等同提供了一個強而有力的機會，讓你決定自己的想法是有益還是有害。接下來，讓我們來看看莫妮卡的觸發因素、想法和反應。

內疚的觸發因素：莫妮卡的女兒珍娜沒有達成她的期望。

內疚想法：

◆「我早年的選擇傷害了女兒，害她做出糟糕的選擇。」

◆「我辜負了女兒，因為假如我不是在十八歲就生了她、假如她的生父參與了她的人生、假如她人生的前七年不用生活在單親家庭裡，我必須邊上班、晚上邊念大學，那麼我就能成為我應該成為的那種媽媽，好好陪著她了。」

◆「因為我，嘉貝麗的生活才過得比珍娜好，所以我對珍娜並不公平。」

內疚反應：

◆莫妮卡怪罪自己。

◆ 她因為大女兒並未享有小女兒那樣的福利，例如：更多陪伴時間、特意參加學校活動、家裡有慈愛的父親，且父母的婚姻很幸福等，而感到內疚。莫妮卡怕珍娜會覺得難受，怕她會重蹈自己的覆轍。

◆ 她用不斷擔心珍娜是否會成功、忽視珍娜的正向選擇，以及逼迫珍娜達成更高的期望、想要試著彌補逝去時光的方式來過度補償。

我們可以發現，在莫妮卡的想法中出現了五種內疚思維模式的其中四種：「我做錯事了」、「我造成了傷害」、「我做得不夠多」和「我比別人擁有得還多」（在這個案例中是：我的小女兒比大女兒擁有得還多）。

想要掌控任何事，必須先評估有什麼是可以掌控的，而這就是「自我覺察」的本質：注意是什麼樣的念頭並對它感到好奇，以便決定這些想法是健康、有益的，還是不健康而有害的。在心理學中，認知行為療法（Cognitive Behavioral Therapy，簡稱ＣＢＴ）「有助於你察覺不準確或負面的想法，好讓你能更清楚地看待具有挑戰性的情況，並以更有效的方式回應它們。[1]」而「觸發因素／想法／反應」（Trigger/Thoughts/Reactions，ＴＴＲ）工具就是藉由層層剝開「自身回應引發內疚情況所說的話」來建立起這種意識。

在我們談論她女兒的會談中，莫妮卡經歷了一個轉捩點；這是個情緒滿溢的時刻，因為她對自己的內疚及其背後的恐懼坦誠以待，但這麼做非常強而有力，因為這最終給了她找到自由所需要的答案。

莫妮卡：我這個媽媽當得很失敗，因為我的孩子發展得不好。

薇拉莉：她在學校有進步嗎？

莫妮卡：她表現得還可以。她的分數都有及格，拿乙等和丙等。

薇拉莉：只是她沒有拿到你希望的成績？

莫妮卡：對……（既痛苦又焦慮的樣子）而且她不知道自己想要做什麼。

薇拉莉：你二十歲時就知道想要從事什麼職業了嗎？

莫妮卡：（緩慢地回答）不……我不知道。

薇拉莉：但珍娜就應該要知道？

莫妮卡：不對。

薇拉莉：我很好奇你對她的期望是從哪裡來的。

莫妮卡：好。我是在很鄉下的地方長大的。我們有的不多，所以，在我長大的過程中，我都告訴自己一定要有所不同。我不打算讓這個循環繼續下去。我媽也是在十八歲的時候生了我，所以我十八歲生下她的時候……（嘆氣）……我心想，絕對不行，不能又來一遍（停頓，然後安靜地啜泣）。我只是希望她的人生過得比我的還來得好，因為即使只有十幾歲，我還是落入了非常艱難的處境。我不希望她這樣。我告訴珍娜，你三十歲之前就可以擁有很多。你不用三十五、四十歲的時候才搞懂人生。你可以建立起自己的生活，但必須從現在就開始。你不能只是隨意過日子，然後想著，噢，一切都會沒事的。如果你現在勤奮努力，未來就不用那麼辛苦了。我不希望你到最後覺得自己從來沒有做過想做的事。

我十八歲的時候生了她，為此有很多我為自己人生所規劃的事都沒有發生，但我一點都不後悔生了她。我只是希望自己能晚一點生下她，這樣我就能讓她過更好的生活。我不希望她得要經歷我所經歷過的某些難關，甚至是侮辱。

薇拉莉：珍娜二十歲的生活中，有哪些因素看起來像你二十歲時的生活嗎？

莫妮卡：（停頓許久）沒有。（停頓）我猜是因為她沒有達成我對她的一些期望，我覺得她沒有走在通往成功人生的道路上。

薇拉莉：珍娜有小孩嗎？

莫妮卡：沒有。

薇拉莉：你擔心她會回家告訴你她懷孕了嗎？

莫妮卡：不擔心。

薇拉莉：在她成長的過程中，有發生你擔心的這些事嗎？

莫妮卡：（低聲地笑著）沒有。完全沒有。

薇拉莉：我要你閉上眼睛，想像一下你並不認識珍娜。她的生活就跟現在一模一樣，但她是生在另一個家庭裡。她在讀大學，住家裡，而且有工作，但她還不知道自己想要從事什麼職業。對於她的人生將會變得如何，你有什麼想法？

莫妮卡：（平靜地悄聲說）她不會有問題的。

薇拉莉：為什麼？

莫妮卡：因為她表現得還好。她沒有吸毒，她不壞。（抽噎著）她可能處於許多二十歲青少年常見的處境裡，也就是把錢花在看電影、外出用餐上，而且還不確定自己想要做什麼。

薇拉莉：你這樣說感覺如何？

莫妮卡：好多了。不會因為我腦中的想法而過度怪罪自己，認為自己很失敗。那顯然並不是真的事實。

薇拉莉：所以要是回到你原本的內疚敘述：「我這個媽媽當得很失敗，因為我的孩子發展得不好」這句話是事實嗎？

莫妮卡：不是。

薇拉莉：你可以用比較準確的想法取代它嗎？

莫妮卡：可以。（停頓）珍娜很好。我的期望可能有點高，但我並不是一個失敗的媽媽，而且我的期望需要實際一點。

薇拉莉：所以你可以有哪兩種實際的期望？

莫妮卡：（停頓許久，然後嘆了一口氣）對她的學業寬鬆一點，她有去上學，而且她盡力而為了。如果乙等和丙等是她盡力後的結果，我就必須接受，而且不要苛刻地試著要搞清楚她拿不到甲等以上成績的原因。另外，也要接受她不會在二十一歲前就搞清楚自己的人生、知道自己要主修什麼，還有未來要從事什麼職業。

薇拉莉：所以你新的想法是什麼？

莫妮卡：我並沒有失敗。

薇拉莉：那你在做什麼？

莫妮卡：嗯。（輕鬆——啊哈！）我在繼續積極正向地影響女兒的人生。我在接納她的大學旅程。我要坐下來跟她一起制定預算，而不是因為自己不認同就大驚小怪。

最後，莫妮卡放下了自己的內疚，並將自己視為一個小孩已成年、但仍需要被引導的媽媽，同時她原諒了過往自己無法改變的遭遇。寬恕，能讓你放下自我憤怒與其他有毒的情緒，這些情緒會混淆你的思維，讓你難以有效地勇往直前。

雖然你的內疚觸發因素可能和莫妮卡的不一樣，但你可以在這個指導對話中看出，準確描述內疚觸發因素，接著檢視導致內疚感的想法，是多麼強而有力的事。莫妮卡能夠看出自己的念頭並未確實反映事實，然後她將這些謊言換成真實的想法，並且以證據支持真相，這就是「剝洋蔥法」。現在，我想邀請你親自試試看。

用書寫克服內疚

在思考自身內疚感時，利用「剝洋蔥法」的書寫來幫助自己突破困境，可能是一個強而有力的方式。根據研究員兼社會心理學家蘿拉．金（Laura King）博士的說法，書寫是一種強大的思考方式[2]，與僅只是思考不同的是，書寫留下了你可以回顧、分析，並得以建立連結的紀錄。

因此，現在就運用剝洋蔥法問問自己，並寫下你的答案。

● 準確描述你的內疚觸發因素：我的內疚觸發因素是什麼？

● 檢視你的想法：關於這個內疚觸發因素，我對自己說了什麼？

• 把謊言換成真相：以這種情況來說，更準確的想法是什麼？

• 列出你的證據：對於這種情況，什麼樣的行為、價值觀或證據能支持這個真實想法？

如何處理真內疚？

如果你的內疚並非假內疚呢？若這個內疚其實是一個訊息，拚命試著要引起你注意，要讓你看見自己的行為和價值觀不一致的地方呢？

並非所有的內疚都是假的，有時候我們就是錯了。至於放下「真內疚」的唯一方法，就是要有足夠的謙遜、勇氣和正直去對抗它。**我們之所以很容易感受到內疚，是因為這有助於讓我們的價值觀與行為保持一致**（關於這一點，在後續的章節裡會詳細說明）。內疚是有目的的，一旦預期會感到內疚就能阻止我們去做會讓自己後悔的事。正如我們將會探討的，內疚並不一定就是負面的情緒，畢竟若你真的做錯了什麼事，真內疚就是適當的回應，與此同時，也有方法能克服這種內疚。

我們經常出於恐懼而抗拒真內疚，因為要是我們承認錯了，就得要面對後果，而這些後果是我們寧可逃避的。逃避痛苦是人類很自然的反應。但請記住，內疚是一種訊息，它是上帝引導我們選擇正確事物的一種方式，包括做錯事時的真心悔悟。你感受到得要說實話、道歉與補償的信念？那是引導你邁向正直與愛的神聖推力。記得，再多的逃避都消除不了內疚。自由伴隨著真相而來，我們必須願意接受後果，並相信上帝所安排的未來。

既然有一套教練學芳法能夠放下假內疚，當然也有能夠處理真內疚的教練學方法，我將其稱之為「六A法」。

一、承認（Admit）

——我做錯事了。我造成了傷害。我承認。我需要承認什麼？

當你真的有罪，就承認，說實話，說你錯了，你造成了痛苦或損害。反之，當你知道自己錯了，卻活在謊言或奮力爭執對或錯，則會是個重擔。「承認事實」具有力量與療癒力。在這個步驟中需要謙遜，你必須承認自己的不完美、自己的過錯，並願意為自己的行為負責。

二、評估（Assess）

——我造成了什麼傷害？我違背了什麼樣的價值觀、原則或期望？

想一想你的行為造成了什麼損害。這能讓你更瞭解自己行為的重要性，以及你接下來需要採取什麼樣的行動。

三、道歉（Apologize）

——我該向誰道歉？真誠的道歉具體聽起來應該是什麼樣子？

所謂真誠的道歉，就是你要承認並說出自己做錯的事、這件事如何影響對方、你願意償還罪債，以及你會做出什麼行為上的改變。這需要全權負責，就像這樣：「很抱歉我沒有為專案盡一己之力。我明白這讓你在我們已經很忙碌的時候，又多了很多額外的工作。」

四、彌補（Atone）

——我可以補償嗎？怎麼做？如果不行，要做什麼才能阻止進一步的傷害或損失？我應該承擔什麼樣的後果？

做錯的事不見得總是能夠復原，但只要有可能，就應該盡可能使其復原。若是有辦法能確保這件事不會再發生，就要這樣做；若是有你必須要承擔的後果，就要承擔。適當的時候，詢問你如何能補償對方。

五、調整行為（Adjust）

——我能從中學到什麼教訓？我要怎麼改變未來的行為，才不會又發生相同的事？

真心悔悟的人會改變自己的行為，這是你真心道歉的證據。必須要改變心意，不再重蹈覆轍或以同樣的方式對別人造成傷害。吸取教訓，並且改變自己的行為。

六、接受寬恕（Accept）

——我會原諒自己嗎？我會接受上帝的寬恕嗎？我會請求被我傷害的人寬恕我嗎？

我們都會做需要被寬恕的事。如果你真的完成了前五個步驟，那麼就等同於準備好進行最後一個步驟了。接受寬恕代表你接受自己失敗、搞砸了，但上帝依然會無條件地愛你。可能有後果得要承擔，但你被原諒了。原諒你自己，接受上帝的寬恕，要是你有幸被你傷害過的人原諒，請帶著真誠的感激接受這樣的仁慈與恩典。

當真、假內疚相遇

欲克服「假內疚」關乎釐清你的價值觀與期望、允許自己不完美，並拒絕受到內疚牽絆。但克服「真內疚」關乎傾聽提供給你的訊息、採取能反映出真心懊悔的行動、償還虧欠的任何罪債，然後原諒自己，並接受上帝的寬恕。

以下有個完美的例子能夠說明我的用意：

莉莉安在和她妹妹葛蕾絲發生爭執之後，前來找我，因為她妹妹對她投以許多令她感到不公平的指控。她妹妹聲稱莉莉安以自我為中心，對她表現出一副高高在上的樣子；葛蕾絲表示莉莉安總是不斷在家庭聚會時談論自己的工作和成功事業，忽視妹妹在家擔任全職媽媽的生活。

莉莉安最近晉升了，而她的新職位令人感到興奮，因為她能藉此前往世界各地。光是過去這一年，她就去了香港、倫敦和巴西出差。在這份工作之前，莉莉安只有在北美洲旅行過，所以她很高興能有機會見識這個世界。對她來說這根本是美夢成真，她的職業超出了她的預期，而她覺得（至少她是這麼認為的）她能夠在家人面前，自在談論和分享這些全新的經歷。

然而，葛蕾絲指責莉莉安以失望和批判的態度待她、看不起她，還聲稱莉莉安認為她對職業的選擇是浪費了父母辛苦提供給她們的教育。事實上，莉莉安從來沒有對妹妹或其他任何人說過這種話，但葛蕾絲不只指責她表現得高高在上、以自我為中心，還對多位家人重複這樣的指控，讓她因此感到無地自容！

莉莉安在教練會談時告訴我：「她只是因為我很自由、沒有小孩要照顧，而且有一份我熱愛的工作，所以嫉妒我。我以為她會為我感到高興。老實告訴你，她指責我看不起她時，讓我覺得很受傷！」

「嗯，」我一邊思考著情況一邊說。「我絕對明白你有多興奮，而且想要跟家人分享。如果現在你認為會被指責以自我為中心，那可能就會對於這樣做感到不自在。」

「就是說啊！」莉莉安附和著說。「我以為我在一個安全的地方，而且我很生氣，因為我覺得她是因為自己沒有安全感才這樣做。」

「你覺得她對什麼事沒有安全感？」我試探地問。

「她讀了大學，甚至還念了研究所，但她沒有運用自己的學歷。」莉莉安解釋著。「我認為她看到自己以前的同學在事業上都不斷前進，而她自己的時間卻一分一秒在流逝。她擔心等自己終於準備好進入就業市場時，會沒辦法或至少不會是在就學時期所夢想的職位上。」

「她有跟你說過她這麼覺得嗎？」我問道。

「有。而且我也同意她的看法！」莉莉安強調地說。「她聲稱現在想要待在家裡，但我不太相信她心裡真的這麼想。」

「那我們暫停一下，想想你剛剛說的話，」我回答，一邊觀察著她的措辭。「你用『聲稱』這個詞形容你妹妹改變了心意。」

「對，」莉莉安肯定地說。「我認為她想在家當全職媽媽只是說說而已，我很難相信。幾年前她還很專注於目標，接著她遇見凱文就結婚了，然後突然間她就想要待在家當全職媽媽。她從來沒有提過這件事！很難相信她的心意會有這麼大的轉變。」

「所以你是在批判她，也不相信她自己改變心意？是這樣嗎？」我溫柔地問。

莉莉安停頓了一會兒，然後嘆了一口氣。「我猜這的確是批判。」她不情願地說，尷尬地笑了笑。

「你認為她浪費了自己的學歷嗎？」我問道。

「這個嘛，我原本沒有這樣想，但我想我的父母有點挫敗，因為他們為我們犧牲了很多，就是希望我們會運用自己的學歷來追求自己所說過的職業目標。」莉莉安這麼承認著。「而且我父母還表示，他們對於在她的學位上投資了這麼多，現在她卻選擇了另外一條路感到失望。我可能也把他們的感受當作自己的感受了。我的意思是，我們的父母甚至沒機會念大學，而我們都拿到了碩士學位。我們的成功對家人來說是件大事。」

「那有沒有可能你在跟葛蕾絲溝通時，無意間表達了這些挫敗感，即使你沒有明確地說出來？」我問道。

「對，有可能，」莉莉安語氣緩和下來。「其實有可能是這樣，即使不是故意的。」

雖然其他人可能會徹底反駁批評，但那些願意找出些許道理的人就會停下來問，這個批評（即使是很無禮的話或來自某個我不認同的人）中，有沒有任何部分是有根據且值得去處理的？假內疚也是如此。我們的內疚感可能是假的，但其中些許有道理的想法，提供了我們應該注意的訊息：注意到些許有道理的想法，能讓你拒絕接受故事中虛假的部分，同時誠實對待故事中真實且應該處理的元素。

以莉莉安的例子來說，談論了太多自己工作的指控導致了假內疚。她和其他家人談過，但沒有人跟葛蕾絲有一樣的感覺。其他家人認可她對成功與好運感到興奮，他們為她感到驕傲，沒有人覺得她談論了太多工作。如今意識到葛蕾絲並不是最適合聽她談論職業的人，於是她決定要暫時更明確地區分和妹妹分享的事情：她不會對她隱瞞任何事，但也不會特別跟她提起工作上的事情。

剝洋蔥法對假內疚很有用，而關於以上案例，我們可以這樣總結：

- **準確描述內疚的觸發因素：**莉莉安的妹妹葛蕾絲指責她談論了太多自己的工作。
- **檢視想法：**莉莉安真的不認為自己談論了太多工作的事。
- **把謊言換成真相：**假內疚幾乎讓莉莉安完全不再跟家人談論工作的事，但和其他家人談過之後，她發現沒有必要這麼做。「我可以跟其他家人談論我對工作感到興奮，但也許現在不要對葛蕾絲說，因為這似乎造成了一些問題。」
- **列出你的證據：**讓莉莉安有信心能夠放下假內疚的證據，來自她跟其他三位家人的談話，他們堅決不認同葛蕾絲的評斷。

另一方面，事實是莉莉安和妹妹溝通的方式可能令她感到高高在上，而這有違她善良、謙遜和愛的價值觀。由此可見，這樣的內疚是真實的，因此直到她負起責任並改變自己的行為，否則內疚不會消失。她就是這樣做的，她嚥下了自尊心，打電話給妹妹，坦誠地和她談話。她解釋自己並不是故意要造成痛苦，但她思考過葛蕾絲的指控，並意識到自己理解葛蕾絲是如何得出這樣的結論。莉莉安承認並道了歉，同時改變了自己的態度。她接受妹妹的選擇，並且選擇相信她說的話，而不是批判她在人生的這個時期對工作改變心意。

後來，葛蕾絲敞開心胸談論自己的人生選擇，向莉莉安解釋自己也沒有料到會對自己的職業選擇改變心意。就在不知不覺下，當她有了孩子之後，她的想法就變了：她想要待在家裡。她對此感到安心，即使她明白這意味著自己需要調整對未來職業發展的期望。

面對真內疚，莉莉安運用「六A法」來解決問題：

◆ **承認**：她向妹妹承認，自己就跟父母一樣，對葛蕾絲在學歷上投入了這麼多，卻似乎很快就放棄了自己的夢想感到失望。她想知道葛蕾絲是否誠實面對自己的想望。她承認這些想法影響了她和葛蕾絲談論某些事的方式，但那是不對的。

- **評估：**她告訴葛蕾絲，當她那樣跟她說話時，一定很令人感到挫敗與不悅，因此葛蕾絲可能覺得受到批判。雖然莉莉安並不是故意的，但這還是不對，她為此影響了葛蕾絲而負起了責任。
- **道歉：**她真誠地說：「很抱歉我表現得高高在上。很抱歉讓你有這種感覺，我希望你能夠原諒我。」
- **彌補：**聽完葛蕾絲談論自己改變心意後，莉莉安決定要跟她們的父母分享她理解葛蕾絲會這麼做的原因。她要幫助父母從不同的觀點看待事情，而不是保持沉默或助長他們的失望。
- **調整行為：**莉莉安承諾之後在和葛蕾絲談論工作和職業時，會注意語氣，並且更有同理心、更願意給予支持。
- **接受寬恕：**葛蕾絲對莉莉安的坦承感到驚訝。她以為莉莉安會繼續否認自己表現得高高在上。葛蕾絲很感動，並原諒了姐姐。

內疚清理練習

- 從內疚清單裡選出你現在最想要解決的內疚觸發因素。
- 運用「剝洋蔥法」層層剝開，並確認這是「真內疚」還是「假內疚」。
- 完成剝洋蔥法的每個步驟，以放下內疚。
- 決定何時要將這個方法重複用在你面對的其他內疚觸發因素上。

自我宣告——我讀了內疚給我的訊息，而我以愛與事實回應。

第三章

快樂有風險，內疚才安全

誘使你選擇內疚而非喜悅的驚人習慣

- 為何沒有罪過卻感到內疚？
- 為何快樂會引發恐懼？

假內疚的存在令人感到困惑，為什麼我們明明沒有做錯事，也不需要為造成的傷害負責，卻會感到內疚呢？當我開始追問原因時，有個特別的答案令我相當感興趣，而之所以會感到興趣，也許是因為當時我並不知道，自己就是那個答案的縮影。

我開始寫這本書時，有許多對談加深了我對內疚的瞭解，以及該如何放下內疚、找到自身喜悅。不過當我向執業心理治療師兼教練吉兒．瓊斯（Jill Jones）提起一個特別的時刻時，她說了一件令我感到驚訝的事。「快樂有風險，」她直截了當地說「內疚才安全。」我不可置信地回看著她。「快樂有風險？」我從來沒有聽說過，這是什麼意思？是真的嗎？

在職業生涯裡，我花了好幾年的時間談論快樂是種選擇，快樂是我們為了它本身而追求的事。我從來不曾有意識地把快樂視為風險。就當作是我天真吧！對我來說，即使沒有說出來，快樂也是人人都想要的。但當我問她，她說「快樂有風險」是什麼意思的時候，我打從心底清楚地知道，自己的行為表現就是如此。

在我思考她的話語時，很快地就想起自己第一次聽到作家兼研究員布芮尼．布朗（Brené Brown）博士[1]所談的「不祥之喜」（foreboding joy）的概念。在那之前，我找不到任何適當的詞彙來描述這種現象，「即使你現在很開心，也有可能會有一件壞事就要發生的感覺。」

雖然我從來沒有可以用來形容這種感受的詞彙，但我確實幾乎在整個人生中都有這種感受，而我相信這是我童年時期就開始發展的模式。接下來，我將要帶你一瞥個人旅程中的幾站，希望能激發各位的思考，釐清導致你自身假內疚的恐懼與動機究竟為何。

你的人生願景是什麼？

我清楚記得那個秋日，就在我把車轉進和室友同住的兩層樓公寓前的停車位時，我頓悟了自己的人生願景。當時我二十歲，在佛羅里達農工大學（Florida A&M University）就讀新聞學研究所課程剛滿一個月。就好像上帝讓我一瞥自己的未來一樣：「你將會寫書」，我在精神上這麼感知到。關於這個人生願景並沒有太多的細節，但目的卻驅動了它。

我感知到的第二個訊息是：身為作家，你可以擁有自己的事業、從事喜歡的工作，同時可以彈性安排自己的職業與家庭行程。即使在那麼年輕的時候，我就已經很擔心要如何同時做到這兩點。我還不知道自己會寫哪種書，但這個想法深深引起我的共鳴，尤其是「寫書」和「彈性行程」。

我很喜歡書。小時候，我沒有兄弟姐妹，很早就學會了識字閱讀，所以書對我來說就像朋友一樣。我以當時正在閱讀的書籍，以及它們如何影響我的思想、信仰與自我意識，來標記人生的各個時期。

我把書當作裝飾品，把它們放在咖啡桌上、廚房裡、茶几上、書架上、梳妝台上，到處都是。因此，比起其他我曾經夢想過的事情，對我來說以「寫作出書」作為真正職業目標的想法，是更遠大的夢想。

就在六年後，我出版了自己的第一本著作，並在第一本書出版後的兩年內，我開始了全職寫作與演說。話雖如此，距離那個秋日也早已過了二十多年，整個人生願景才得以實現。我以為當自己夢寐以求的夢想終於成真之後，會感到快樂、興奮和十足的喜悅。在實現了懷抱二十年的人生願景時，內疚是我根本沒有預料到的感受。

有時內疚也會參與你的人生願景

二十三年後的另一個秋日，我才明白二十歲的薇拉莉打算要做的事，正是我現在最感到內疚的事。這個景象比我多年前想像的還要夢幻：我有個跟我同樣在科羅拉多州（Colorado）長大的先生；有間搭高爾夫球車就會到、距離我家車道半哩遠的辦公室；家人住在離我家幾分鐘路程的地方；還有一份正在蓬勃發展、對世界各地人們的生命產生正面影響的事業。這一路走來並不容易，但一直都穩定成長。

就在這一天，我和先生開著高爾夫球車送兒子去托兒所，然後我直接前往隔壁的辦公室。你沒聽錯，我的辦公室位置差不多就可以直接俯瞰著我兒子幼兒園的遊戲場。當時，我們住在喬治亞州（Georgia）的桃樹城（Peachtree City），是個位於亞特蘭大（Atlanta）南邊的城市，這裡有將近一百哩的高爾夫球車道和一萬五千多輛的高爾夫球車。你可以開著高爾夫球車去任何地方，比如：學校、你最愛的餐廳、雜貨店。我計時過，到幼兒園只要三分鐘車程，然後再開十五秒就能到隔壁我的辦公室停好車。

但那天送兒子上學後，我向先生提起自己常常有的情緒。

「我覺得好內疚。」我大聲嘆了口氣說。

「為什麼？」他問道，相當困惑。

「把他留在幼兒園讓我覺得很糟糕。我知道自己現在一週只工作三天，但我覺得好像還是太多了，就好像我工作是在做壞事一樣。」我回答。住在一個大多數媽媽都不工作的社區裡，我經常發現自己的生活看起來有點不一樣。

就是在這時候，我先生以一個問題說出了顯而易見的事實。「這不就是你的人生願景嗎？可以寫書、演說和經營自己的事業，才能按照自己的意願，彈性地安排職業與家庭生活？」

他讓我想起了自己的願景。直到那一刻，我壓根都沒想到自己終於走進了在青少年時期定下的人生願景。這段旅程太長了，長到我都忘了目的地何在！我一直相當有企圖心並堅持不懈，而且從不放棄，即使在我覺得快要失去希望時也一樣。這一切花了我二十多年的時間才發生，比我想像的還要更久；這是一條先是充滿失望、心碎、恐懼和不孕，接著獲得二次機會的天大喜悅，彷彿註定要養育兒子的崎嶇之路。

接著是內疚，令人害怕的、兒子下車抵達幼兒園的時刻。儘管我兒子在走進教室或看見朋友時，他都非常開心，他會和同學們擁抱、擊掌，甚至在他走進門的時候，同學們還會同時大叫他的名字：「艾力克斯！」

「他很喜歡那裡啊。」我先生說，並對我的內疚感到困惑。「他的朋友都在那。他很會交際，這對他來說是好事。你是個很棒的媽媽，你正在過自己該過的生活。」他的話語像個溫暖的擁抱般肯定了我，提醒著我正走在自己的道路上、實踐我的價值觀、追隨我的使命。我希望這些話語成為我自己的；我希望自己可以不再懷疑，好好休息。

透過把負面情緒置入原本令人喜悅的情況當中，在某種程度上我其實是在保護自己。生活很美好，但並不是太好。我似乎是這麼認為的：**要是有什麼事出了錯，或許墜落時就不會覺得太難過，因為反正本來就不完美。我並不是本來就真的那麼快樂**。

快樂需要勇氣、需要努力、需要堅持與毅力、需要希望，但希望可能會破滅，為此總是有可能會有所失望。

我很早就學到了這一課，這跟我童年最快樂的時光——我的夏日時光有關。從三歲開始，我就在南卡羅萊納州（South Carolina）和祖父母度過夏天。我的日子無憂無慮、有趣、充滿著愛與家人的陪伴。那些夏日時光造就了今天的我、我來自哪裡，以及把人生運用在有意義的事物上的動力。

就在我在那裡度過的第七個夏天時，爺爺解釋著他得到了「癌症」，一個在那之前我從來沒有聽過的詞。那年的整個夏天我們都在看醫生，爺爺說那會是我們一起度過的最後一個夏天。奶奶總會很快反駁這些話，但是爺爺自己心理很清楚。九月的勞動節才剛過，他就過世了。過了這麼多年，我還是邊哭邊打出這些字。他對我非常有信心。他很愛我，他讓我覺得自己很特別。

然而他的離世，是我的世界每隔兩年就以各種不同方式有所變化的開端。我記得自己在奶奶的腿上哭泣，無法理解為什麼我們再也見不到他了。她擦掉我臉上的淚水且承諾著：「從現在起，我是你的奶奶，也是你的爺爺。會沒事的。」但她沒能遵守這個承諾太久的時間，爺爺過世兩年後，奶奶也走了。就好像當我習慣了一個不願接受的事實之後，新的難題就會出現。接著在她過世兩年後，我父母分居了，我媽媽搬到九十哩遠的另一州去。那之後兩年，我們失去了家。再兩年後，我的父母終於離婚。

我告訴你這些事，並不是要讓你為我感到難過。我們都有自己的故事，我想說的是，我一直覺得自己的世界好像會從我身上被搶走一樣。「不要太過高興，因為這可能不會維持太久！」是我持續接收到的訊息。我確實害怕快樂，因為我怕失去那份幸福。

快樂對我來說，是有風險的；這意味著如果要快樂，就必須冒著失望的風險。至於完全接納快樂，則代表著在我並不是真正相信的同時，期待快樂會留在身邊。也就是說，一旦快樂的層級越高，我就越怕墜落時會更加難過，所以，要是能夠找個方法把快樂降低幾個層次，我就會覺得比較安全一點，如此一來，讓我焦慮且下意識害怕卻又不可避免的墜落就能得到緩衝。結果如此一來，我往往是把某種負面情緒帶入我的生活中來面對。

在我二十歲出頭完成學業、展開美好人生的時候，我很擔心。我擔心自己會遭遇什麼可怕的悲劇。我記得自己坐在教堂裡把所有可能出錯的事想像成大災難，即使一切看起來都很順利！我會祈禱上帝讓我繼續感到快樂與幸福，但我怕自己要求得太多，因為我已經這麼有福氣了。

我和先生訂婚時，我擔心在婚禮前會有什麼事發生：通往真愛與婚姻的道路好漫長，這真的會發生嗎？我倒數著日子，生怕在婚禮當天之前紅毯就會被搶走。我真得太害怕了，以至於不敢告訴任何人我這個焦慮又不理智的念頭。然後我們結婚了，我的夢想就此展開。雖然擔憂並沒有全然消失，卻也隨著我的日子開始充滿身為妻子、繼母，然後是媽媽的新責任而消逝。但喜悅並沒有取代擔憂，相反地，我拿擔憂換來內疚。

「並不是女性害怕感到快樂，」喬治亞州執業臨床社會工作者吉兒．瓊斯這麼闡述著。「她們害怕幸福。[2]」就好像我們相信上帝會往下看，然後說：「那邊那個！她太幸福了！」更糟的是，她指出，許多人從宗教信仰的觀點相信兩件事：（一）你必須透過始終做出正確的事，來贏得通往天堂的道路，以及（二）身為人類該做的，就是受一點苦。因此我們用內疚和恐懼製造一點點痛苦，和我們的幸福擺在一起，以免激怒上帝。正如瓊斯所說的「人們總認為『這不公平。我憑什麼擁有這一切？』[3]」

綜觀上述，讓我們來仔細看看究竟問題是什麼：

- 我們對快樂的渴望。
- 我們對幸福的恐懼。
- 不快樂的安全感。
- 內疚的好處。

對於快樂的渴望

我寫《快樂女人，美好生活》（*Happy Women Live Better*，直譯）的時候，把快樂視為人們設定每個目標時的背後動力。基本上，快樂是我們為了它本身而追求的事。通常我們追求的其他事物，都是因為我們相信若是獲得了，最終就會讓我們感到更快樂。無論是一段關係或事業機會、金錢或減重目標，或甚至是要更有信心的事情，我們之所以追求目標是因為我們認為達到目標時，最終就會讓我們更安好，以及「更快樂」。從來就沒有人會問你「為什麼」想要快樂。這是既定的，畢竟就連是最悲觀、最沒有動力、愛發牢騷的人，也不會定下目標，要過一整年最悲慘、最不快樂的日子。

那麼快樂是什麼？是主觀的幸福感。我沒辦法告訴你你是否快樂，這件事只有你自己才有辦法判定。問題是，通往任何目標的道路多半都很崎嶇，過程中的障礙與挑戰比比皆是。換言之，達成目標通常需要付出代價，而這個代價，多半是以時間、精力與犧牲償付。

一般來說，我們都想要感到安好與快樂，這是人類基本的本能，然而，快樂是一趟充滿選擇的旅程。事實上，研究顯示，雖然五十％的快樂可以歸因於我們與生俱來的性格，但同時四十%的快樂則是取決於我們有意識的選擇[4]。換言之，**我們得以透過自己的選擇來影響自己的快樂，這個事實非常強大**。但是，當能夠帶來更多快樂的「選擇」與我們的「假內疚」糾纏在一起時，就會讓這件事情變得複雜起來。

此外，無論是來自宗教或其他方面的影響，一旦我們認為渴望快樂在某種程度上是自私、不公平或非精神性的時候，內疚就會將它淹沒。

對於幸福的恐懼

無論是失敗的風險、被拒絕的風險，或不確定的風險，「存在風險」是大多數人從不為自己遠大的夢想堅定信念的原因。「未知」會引起恐懼，而當恐懼出現時，假設性的問題也會跟著浮現，這對大多數人來說，代表該停下來了：要是我失敗了怎麼辦？要是我錯了怎麼辦？要是他們不喜歡我的決定怎麼辦？要是……怎麼辦？只要是人，十之八九都可能問過這種假設性的問題，讓你因恐懼而癱瘓。

無論目標是什麼，對於追求能讓我們真正感到快樂的事物時，許多人往往都高估其風險，這是一種保護機制。**「高估快樂的風險」與「避免痛苦」，總好過低估風險以及為自己的選擇感到後悔。**

恐懼很強大，從而使我們的大腦很容易就會注意到它，但就像對待有事實根據的恐懼那樣，我們也可以嚴肅看待空穴來風的恐懼。因此，當這些假設性問題出現、恐懼開始高速運轉時，它會告訴我們可能會浮現什麼樣的「潛在危險」（代碼：痛苦），而大腦很自然地就會想要避開。

如果快樂有風險，其本身就會有一套自己的假設性問題：

- 要是我不配得到幸福怎麼辦？
- 要是我很快樂，但別人在受苦怎麼辦？
- 要是我無法維持這種程度的快樂或成功，怎麼辦？
- 要是別人嫉妒怎麼辦？
- 要是被跟我唱反調的人說對了，最後說「早就跟你說過了吧」怎麼辦？

◆ 要是我的快樂破壞了我的人際關係怎麼辦？

◆ 要是尋求幸福的時間，比我預期的還要長怎麼辦？

◆ 要是我認為會讓自己快樂的事，但其實並沒有讓我感到快樂怎麼辦？

◆ 要是……，怎麼辦？

以上這些，通常不是我們會大聲問出口的問題。有時它們會在我們的腦海裡安靜且持續地重複播放；有時候則會成為我們「心理景觀」（mental landscape）的一部分，並不會意識到它們會讓我們感到恐懼。

要感到快樂，就必須要放棄你已知的確定性。對某些人來說，下意識地抓住已知的事物，感覺比起冒險踏出舒適圈還來得安全。然而，若是你在生活中做出自己原本害怕做出的改變，就可能會成功地變得比以往任何時候都要來得快樂。

不快樂的安全感

如果快樂有風險，那麼不快樂就很安全。這是千真萬確的，因為你知道會發生什麼事。內疚是造就不快樂的諸多負面情緒之一。當你感到內疚時，會出於這份內疚採取行動，而這些行為就會成為你的常態。你有所預期，其他人也是如此；這是束縛，但你知道界限何在，而這個界限，將把你局限在儘管你相當熟悉，卻不真實的生活中。

不快樂的安全感亦即「舒適圈的安全感」，但這其實並不安全，只是**感覺起來**安全而已。你可能不會喜歡不開心的感覺，但至少你知道會發生什麼事：你知道會有什麼樣的爭執、該安撫誰，以及你會有什麼感受。

若要快樂，可能就得要設立界限，這意味著：你可能得停止為非自己份內職責的事負責，並允許其他人插手；你可能得要掌握自己的價值觀與看法，這可能不同於你身邊人們的價值觀與看法；你可能得要在有問題時，不再假裝一切都很好；你可能得要不再把問題怪罪在別人身上，並且為自己的角色全權負責，即使是讓你感到內疚的角色；此外，你可能得要努力評估、學習與原諒自己過往的選擇。這些行為都不在大多數人的舒適圈裡，他們覺得上述的一切有風險。然而為了快樂，這些就是你會需要採取的行動。

雖然聽起來可能很荒謬，但我們確實可以對「沒有快樂」感到很自在，自在到即使沒有理由不開心，也會自己製造一個理由：擔憂、不滿、嫉妒、怪罪、紛亂、沒錯，還有內疚。所以當我說內疚才安全的時候，我的意思是：內疚會將你的情緒從正面變為負面，轉到一個你可能會感覺更熟悉、更舒服的地方去。至於何時才能準備好要鬆開假內疚與重拾喜悅，**全由你自己決定**。

內疚的好處

當你感受到假內疚，就會得到某種好處，即使你無法輕易地說出來。記得我說過，因為感覺起來很安全，所以我們可以選擇各種負面情緒來製造不快樂嗎？這個嘛，**內疚是一種負面情緒，但它具有許多其他情緒所沒有的好處；其中一點，就是內疚能讓你看起來很好**。畢竟，若是你感到內疚，就代表你擔心、你在乎、你想做對的事，要是有別人因此同情你，那就更好了。即使沒有，為了別人對你的看法和反應，內疚也能幫助你對某種情況感覺好一點。稍後我會提供能讓你處理這種情況的工具，各位就會明白我的意思了。

運用「自我指導」深入挖掘內心深處

我最喜歡的工具之一就是結合「教練學」與「書寫」把困境層層剝開，才能更瞭解真正發生的事。雖然有教練能帶你完成自己的挑戰是一件很棒的事，但若能掌握「自我指導」（Self- Coaching）的工具會更好，這樣就夠隨時隨地運用它，而不是只能在教練會談中運用。這個方法很簡單，但同樣的，以下是該做的事：

- 停頓，安靜下來。
- 祈求能擁有對自己的答案完全誠實的智慧與勇氣。
- 提出強而有力的問題，幫助自己找到根源，瞭解在自己的處境中，是什麼恐懼或障礙阻礙了你取得想要的事物。例如「在這種情況下感到內疚，我會得到什麼嗎？」寫下或口述你的答案。

◆ 接著提出下一個問題，幫助你剝下另一層洋蔥。例如：看著自己對前一個問題的答案，你可以接著問「這給了我什麼？」或者「這在什麼層面上感覺起來很安全？」寫下或口述你的答案。

◆ 光只是用這些強而有力的問題剝下兩層洋蔥，就能開始看到內疚如何潛入你的思維當中，並創造出一個故事。

◆ 然後看看你真正想要的並不是內疚，而是喜悅。提出這個問題「在這種情況下，感到喜悅看起來會是什麼樣子？」如果在這種情況下，喜悅並不是一種適當的情緒，那麼或許可以改用平靜這個詞。寫下或口述你的答案。

◆ 最後，根據你在這裡給出的誠實答案，問問自己「明智的做法是什麼？」

自我指導並不是一門精確的科學，但是很管用。花點時間慢下來，注意自己感受到的內疚，好好探索它，並且對於你想要如何勇往直前做出有意識的選擇。

為了幫助你更瞭解「自我指導」如何運作，我將會分享自己如何在寫作過程中運用這個方法。當我沒有按照原本計畫達成寫作進度，或者更糟的是，截稿期限迫在眉睫時，我經常會感到內疚。但是我其實很熱愛寫作，所以我的內疚並不是很合理，而這兩個相反的事實耗盡了我的快樂。

在職業生涯裡，我已經多次允許這種情況發生。我很想知道「快樂有風險，內疚才安全」這個想法是否適用。隨著自我指導的進行，我發現內疚其實讓我感到安全。

現在來看看我的自我指導日誌。請注意我是如何承認自己遇到的事，並提出額外的問題來剝開更多層的洋蔥：

- **不寫作的時候感到內疚，我會得到什麼嗎？好處是什麼？**

不知何故，我得以覺得自己真的很努力。

我得以覺得自己在奮力掙扎。

我得以為了自己感到難過。

我得以說服別人為我感到難過。

我得以繼續拖延。

- **這一切感受帶給了我什麼？**

這些好處給了我藉口，好讓我能繼續做我正在做的事。這讓我覺得相較於簡單的事物，寫作不知何故一定比較困難。

- **「覺得寫作一定很困難」給了我什麼？**

比較不快樂，這是不寫作的懲罰，因為寫作是我應該要做的事。不寫作卻感到快樂是不被允許的。

- **如果寫作令人喜悅，那會是什麼感覺？**

這總是令人感到充滿意義，我寫作時，總是感到相當滿足，但我也想知道自己是否能堅持下去。成功的壓力讓我懷疑自己是否會繼續成功，這就像是冒牌者症候群（Impostor syndrome）。我已經寫了十二本書是僥倖成功嗎？我只是運氣好，還是我可以再一次做到？

我能夠寫出第十三本嗎？

我寫出第一本書的時候，感覺很夢幻。

但是等等。這不是事實！我的第一本書是我第三次嘗試寫書。而當我厭倦聽見自己說著要寫書卻沒有真的這樣做時，才終於開始寫書！所以我在說什麼啊，很「夢幻」？也許在我開始進行的時候是確實很夢幻沒錯，但在那之前，就是同樣的模式：不寫作，然後為此感到內疚，自怨自艾與藉口理由的許可證。

這是我的預設模式，因為這樣很「安全」。但要是在這本書的過程中，我真的把寫作變得令人感到喜悅呢？要是那成為了我寫書之旅的一部分呢？

- **要是我並沒有感到內疚，而是感到快樂呢？在寫作的旅程中，要怎麼樣才會感到快樂，而不是內疚呢？**

我得放下藉口，我得接受找時間做這件事很有挑戰性，而且就算面臨挑戰，還是要想辦法寫作。

擺脫內疚需要紀律。基本上我要說的是，如果想要快樂，就必須要選擇紀律而非內疚；

若我想要快樂，就必須要這樣做。

- **我為何不該感到內疚？讓我換個說法吧：為何寫書會讓我感到快樂呢？**

因為上帝給了我天賦以及寫作的使命！因為寫作是我工作中最核心與最有意義的元素，其他的一切都源自於此！因為我想要快樂！我想要感到快樂！當我「記得」這件事，我就會表現得好像這是真的一樣。我不想跟內疚搏鬥，我想要快樂。

這裡的關鍵是「記住」，因為我的安全網根源於恐懼的預設模式。

那你呢？「快樂有風險，內疚才安全」這想法如何應用在你的內疚清單上呢？你可能會有點抗拒這個想法，但我邀請你把它視為一種可能性。當我們長時間抓住某樣我們聲稱並不想要的東西（內疚）時，重要的是，去探索我們為何沒有做出改變的原因。

我們陷入困境的原因通常並不明顯，也不合邏輯，然而，一旦我們釐清導致自己裹足不前、深陷內疚的事物時，便能夠做出新的選擇，讓我們克服自己的恐懼，也才能全心全意地擁抱喜悅。

內疚清理練習

以下這些都是非常重要的問題，請仔細思考你的答案：

- 有沒有什麼你做了或沒做的事，讓你覺得自己不配得到深切的幸福？那些事是什麼？與其接受你不知何故不配得到幸福的想法，不如有意識地選擇幸福。就算自己有缺點，也要選擇喜悅。你是唯一能做出這個決定的人，你得要有意為之。當我們長時間形成了內疚的思維模式，它們就會成為我們的預設模式，直到我們刻意且持續地練習新的思維模式為止。
- 你是否覺得在享受完全的平靜與喜悅前，好像還是需要為了過往的錯誤、選擇或失誤付出代價？若是如此，難道你償還得還不夠久嗎？

● 我們的行為受到「避免痛苦」與「擁抱喜悅」所激勵。所以，你從抓住內疚當中得到了什麼？與其堅持這個問題的答案是「什麼都沒有」，不如靜靜地思考這個問題。請誠實且虔誠地反思這個問題的答案。

● 如果放下內疚，將如何改變你的人際關係？想像一下在你的人際關係中，自由看起來會是什麼樣子？想像一下，會出現什麼樣的喜悅與平靜。

第四章

關於內疚的性別差異

為什麼女性更容易感到內疚？

- 為何女性比男性更容易感到內疚？
- 現代女性比前幾個世代的女性，經歷了更多的內疚？
- 為什麼「女性是否容易感到內疚」這件事情很重要？

女性比男性更容易感到內疚的原因有很多，其中最重要的原因之一，是那些不間斷的期望，告訴女孩們「應該成為什麼樣的人」以及「該有什麼樣的表現」。此外，根據研究顯示，女性的情緒起伏明顯較為高漲與低落，也就是說，我們更容易注意與感受到情緒[1]。其次，很多女性都追求完美主義，以及女性很容易嚴厲地對待彼此（尤其是自己的女兒）的這個事實，你應該就很清楚為什麼我們總是用內疚澆熄自己的喜悅了。

潔西卡的先生在加州拍電影，而她在南加州為其雇主管理帳戶。雖然她偶爾需要短期出差，但她先生每次離開去拍電影，就是長達八個月的時間。

「我不認為我先生曾為此感到內疚，」她說。「他從來不會因為遠行而覺得自己是個糟糕的爸爸。相反地，他真心認為自己的工作對我們家來說是個很好的機會。」

不只是他自我感覺良好，別人對他的反應也不一樣。「我遠行的時候，」潔西卡說，「大家會一直問我：『你怎麼有辦法離開孩子？這對你來說一定很難受。』但我只是離開幾天，我先生一離開就是好幾個月，卻從來沒有人問他是怎麼辦到的或者他會不會感到內疚。儘管他覺得很難過，也很想念我們，但他從來不覺得內疚。」

就某種意義來說，潔西卡覺得自己好像被審判了一樣。別人似乎會質疑她的選擇，然後她也就跟著開始質疑自己的選擇，反觀她先生則不會感受到這樣的壓力。

女性比男性更容易感到內疚的原因

根據《人格與個體差異》（*Journal of Personality and Individual Differences*）期刊的一項研究，女性之間普遍存在著內疚[2]。根據這項研究，這種情緒和自我批評的習慣有關。當然，「自我批評」只是「怪罪自己」的另一種說法，而女性更有可能傾向這樣做。

「習慣性內疚」似乎總是伴隨著女性。我們經常單純是因為有罪而感到內疚[3]，且這通常是因為「小事」而感到內疚，是一種基於難以每天達成的期望與理想所造成的自我批評。與此相對，男性往往是對「大事」感到內疚，像是出軌或做出後果嚴重的糟糕選擇。

總的來說，**女性比男性更容易出於更多的原因而感到內疚**。身為女性，為什麼我們似乎更常與內疚拉扯？深入挖掘這個問題之後，我發現了一些關於女性為何特別容易內疚的有趣見解與推論。

女性更「以他人為中心」

心理學家指出，（大多數）內疚都是要求我們為別人著想，使其成為一種「以他人為中心的情緒」，這不同於「以自我為中心的情緒」，比如：快樂或自豪。那些認為自己和別人有密切關聯的人，便會具有以他人為中心的主要情緒，而這個特質在女性身上比男性更為顯著[4]。

女性的情緒光譜較為複雜

這點或許並不令人感到驚訝，但是不少研究顯示支持這個論點。在情緒方面的性別差異，就連年僅三歲的兒童都相當明顯。女性比男性經歷更明顯的情緒高峰與低谷[5]，所以當我們感到快樂時，情緒會更加強烈，同理，我們感受到負面情緒時，比如內疚，這些情緒也會較為強烈。

女性往往更有同理心

研究顯示，女性對於他人的情緒較為敏感，也更擅長看出別人的情緒。在研究中，遇到假想情況時，對於他人的情緒，女性比男性展現出更為複雜的理解與細微差別。這種高度敏銳的意識，能讓我們對自己的行為之於他人的影響更為敏感[6]，因此內疚也會更容易隨之而來。

男性可能缺乏內疚

一群西班牙心理學家進行的一項研究顯示，男性「缺乏內疚」，也許更寬厚的說法，是他們缺乏「人際敏感度」。這表示他們可能不太容易感受到人際內疚，亦即：對其自身的行為或缺乏某種行為會如何影響他人，在這一方面，男性多半比較不容易感到內疚。

這一點和「男性不如女性有同理心」的發現一致，因為內疚通常伴隨著同理心。男性的同理心往往晚了幾年，大約從五十歲開始才會慢慢出現[7]。

女性更容易抱持完美主義

根據研究顯示，完美主義是女性的主要課題[8]，而這根源於往往無法達成的期望與標準。那麼，內疚從何而來？如果你認為自己「應該」要能夠達成難以捉摸的標準，如此，當你達不到時，內疚感就很容易浮現。

女性的「解釋風格」更有可能是自責

「解釋風格」（explanatory style）或「思考風格」（thinking style），是美國傳奇心理學家馬汀．塞利格曼（Martin Seligman）博士所提出的概念[9]。它描述了人們如何解釋自己生活中「好」事與「壞」事的成因。那些把壞事歸咎於個人特質而非外在因素的人，對於自己要克服障礙，並在未來嘗試成功達成同一個目標的能力，就會感到不那麼樂觀。

女性擔心得更多

無論是女人或女孩，在各個年齡層的女性，都比同儕男性擔心得更多。研究顯示，年僅

三、四歲的女孩就比男孩擔心得更多，而年長女性也比年長男性擔心得還要多[10]。那麼，究竟什麼是擔憂？就是對未來的恐懼；就是思索什麼事可能會出錯；就是想像最糟糕的情境，並在腦海裡排練，然後從自己想像出來最糟糕的結果中激發恐懼。簡而言之所謂的擔憂，就是反覆思索有事情會出錯的可能性。

擔憂並不是內疚，但對於日常事務的習慣性內疚就是一種擔憂：擔心自己做得不對、做得不夠多、自己不夠好、自己做到得還不夠多。最終，無論你達不到的「足夠」是什麼，擔憂的本質都需要付出代價，而這個代價會令你感到害怕。

女性面臨更高的期望

現代女性面臨許多過往世代所沒有的期望，其中大部分來自正向的進步，例如，更多受教育與專業技能訓練的機會。然而，這同時導致了更多選擇，因此，也就有了更多機會懷疑那些選擇，或對於做出錯誤的選擇感到內疚。

儘管女性仍是孩子和家務的主要照顧者，但由於現在雙薪家庭已成常態，因此讓女性面臨了更多有關賺錢工作的高度期望和壓力，而這種衝突會產生內疚感。例如，根據研究顯示，當我們必須在私人時間工作時，「可能會感到內疚」的情緒女性比男性高出三十%，而這種內疚對於已婚或單身、是否已為人母的女性皆適用；但其中感到最內疚的，是育有年幼孩子的媽媽[11]。

女性因文化影響而感到內疚

女孩和女人都被鼓勵要表現得體，並且培養人際關係。女孩比男孩更容易養成這些習慣的事實，可能會導致女性更願意為了他人的感受承擔責任。我們被完美媽媽、太太與員工的形象轟炸，還要維持完美的身材、家庭與髮型。這些期望會在最不合時宜的時候，急切地對我們低語、揭開內疚的舊傷，然後以產生不必要壓力的方式影響著我們的選擇。

下次你站在商店雜誌架前，不妨特別留意一下寫給男性和女性雜誌的差異。當然，男性雜誌也有關於提升自我的封面文章，但會聚焦於為了自己，而不是為了別人去提升自我。反之，女性雜誌通常會從為了他人存在的觀點寫作，並不僅只是「因為這會讓你成為更好的自己」而存在。這兩種聚焦的細微差異代表的是，如果你無法達成某種理想，那麼你不只是讓自己失望，還會讓周遭世界與最親近的人失望。

女性並不總是受到教會文化的支持

有信仰的女性很少因其在職場上的角色受到肯定。多數時，我們因身為妻子與母親而受到鼓勵，但鮮少是因身為領導者、專業人士、員工、同事與老闆而受到鼓勵。我們生活中的這個層面沉默得很響亮，而可以推斷出的訊息是，即使有三分之二的女性把大部分的時間都花在職場上，女性的工作和領導力也不值得在教堂裡被提及。

雖然女性不工作可能是過往傳統，但這並不確實符合《聖經》。成年女性的典型例子，在《箴言》第三十一章裡，是女性勤奮地監管家務、體面地支持丈夫，並且經營自己的事業獲利。

最後，有一個存在已久的問題，就是：男女之間的差異僅只於生理上？還是亦包含了環境文化上？女性更常感到內疚是因為性別差異嗎？還是文化與成長過程也扮演同樣重要的角色？答案是「兩者皆是」。我們每個人都不一樣。或許你的內疚受到內在特質影響更多，而我的內疚則受到我在成長過程所學的影響更多，反之亦然。

為何認知到女性更容易受內疚影響很重要？

那麼，為何釐清這件事情這麼重要？一方面，過度內疚是重度憂鬱症的症狀，而根據研究女性罹患憂鬱症的機率是男性的兩倍，且在過去的五十年裡，憂鬱症初次發作的平均年齡急遽下降。現在大多數罹患憂鬱症的女性，都是在青少年時期就初次經歷憂鬱症。反觀在一個世代之前，初次發作的平均年齡是將近三十歲。雖然過度內疚並不會導致憂鬱症，但它是其中一種症狀的事實，還是告訴我們一件非常重要的事：這是負面情緒狀態的其中一種結果，而當我們的心理狀態是負面時，通常就會反覆負面思考。雖然在某些層面上來說，負面情緒不可或缺，但它不僅會影響我們的心理與情緒健康，還會影響我們的身體健康。

另一方面，正面情緒已經證明能夠讓你更成功、更健康，並且更有可能吸引到願意給予支持，和有意義的機會與關係。感覺良好是好事，但覺得糟糕和感到內疚的習慣也可能會成為一種令人上癮的常態，因為它感覺起來非常安全。

你可以透過把內疚的想法換成快樂與喜悅的許可，來打破這個習慣。**內疚不必成為你為了生活中的好運，藉此償還罪債的方式**。就讓自己感到不舒服，甚至害怕吧！但還是要擁抱生活中的喜悅，並提醒自己：感覺良好是好事（Feeling good is good.）。

內疚是一種警訊

當你明白自己可能只是因為性別差異而更容易感到內疚，並意識到內疚的影響可能會對健康產生嚴重的後果時，就請把「內疚視為一種警訊」吧！無論來源為何，更能夠察覺到導致你內疚的訊息都非常重要。為了自己的幸福，你必須拒絕接受這些訊息。正如我之前提到的，身為女性，我們經常拿長期感受到的內疚開玩笑，就好像我們應該要預期並接受它成為生活中的一部分一樣。但為什麼我們應該要這樣？尤其是在這樣做了之後，還會對情緒與身體帶來負面影響的情況下？

你可以拒絕接受這個想法；你不必成為容易感到內疚、肩負著假內疚的女性；你可以成為理直氣壯避開內疚羈絆與假內疚的女性。若是你選擇這樣做，那麼，對於仍然被可能並非她們自己的期望與價值觀所束縛的女性來說，你就會成為她們的一盞明燈。

內疚清理練習

注意自己受假內疚或負面情緒所吸引的面向有哪些，並刻意去尋找應該選擇喜悅的理由。同時，讓這個訊息持續出現在自己面前：感覺良好是好事。你可以把句話貼在浴室鏡子上或衣櫥裡，甚至在手機上設定提醒。

下次，當假內疚冒出來、打算要剝奪你的快樂、讓你感到害怕時，請記住快樂是件好事，你無需抱歉，更不用帶著假內疚，你有權利全心全意地擁抱快樂。

第五章

擁有自己的價值觀

如果不自己決定重要的事，別人就會替你決定

- 你所遵循的是誰的價值觀？
- 你願意堅守自己的價值觀嗎？
- 是什麼樣的期望，引發了你的內疚？

簡單來說，所謂的價值觀，是指生活中我們認為的重要之事。我們可以宣揚自己的價值觀，並在與他人對話時，不假思索地說出一連串令人印象深刻的「價值觀清單」，然而對於價值觀的真正考驗，在於我們每天選擇「做」的事情是什麼。

換言之，即使你不知道自己的價值觀有哪些，你的所作所為也會符合你的價值觀；價值觀所展現的，就是你深信的一切事物。例如，當你跟親人說話的時候，把手機放下來看著他們的眼睛，就是價值觀的展現，那是在說「我重視和你之間的關係，我重視你要說的話。」與此相對，當你的親人試著要跟你說話的時候，你滑著社群媒體的動態消息，這也是價值觀的呈現，那是在說：「我現在在手機上看的東西比你重要。比起你要說的話，我想看看朋友們今天在社群媒體上發了什麼的念頭更重要。」

當我們的價值觀和行為不一致的時候，內疚就會隨之而來。當你的行為和你所說的重要事物不相符時，在這一刻，就必須面對自己的價值觀只是謊言的事實，就是這個謊言造成了內疚。然而，要是這個價值觀根本「不屬於你」的呢？要是這些價值觀是你被告知的呢？要是你接納了別人的價值觀，且從來沒有停下來好好去質疑自己是否認同呢？

派翠西亞的情況就是如此。在學年期間，都是她先生負責在早上打理他們的兩個女兒，幫她們做好上學的準備。他很擅長，也很享受這樣做，同時這樣派翠西亞就得以在出門上班前多休息一會兒。這樣的安排似乎運作得很順利，除了跟她媽媽對話時提到這件事的時候。她們兩人很親近，派翠西亞也十分尊敬母親，尤其是她身為「媽媽」的這件事情上。

「我媽媽覺得我先生早上不該幫女兒做準備。身為女兒們的媽媽，這應該是我的角色與責任。」她解釋著。但多年來的內疚，以及一些深刻的內省，讓她有了簡單卻深切的領悟：「那是我媽媽的價值觀。我的價值觀是『我們是一起養育孩子的夫妻』。」雖然派翠西亞的行為和她所聲稱的價值觀不一致，但她發現之所以會如此，是因為她把其他人的價值觀套用在自己身上。

你的價值觀有哪些？

你的價值觀會引起深刻的共鳴，使得你毫不費力地受它們吸引。這些價值觀不只是你認為的好事，也是是你慶祝成功與衡量成功的標準；這些價值觀是你想要被記住、願意犧牲與付出額外努力的原因。

如果你只能從以下表格中選出三到五個價值觀，哪些會入選呢？什麼樣的價值觀對你來說最重要呢？

卓越	真誠	冒險	同情心
社群	職責	自由	耐心
美貌	控制權	幽默	勇氣
生產力	冒險	賦能	樂趣
成長	安全感	創意	準備就緒
成就	策略	教育	財富

戀愛	合作關係	敏感	承諾	真實	改變／轉變	自發性	支持
獨立	目的	正義	情感	好奇心	愛	表達	健壯
服務	喜悅	正直	專業	成為榜樣	富足	勝利	活力
慈善	公平	聖潔	完美	溝通	家庭	健康	政治意識

擁有屬於「自己」的價值觀，就代表你接受自己可能與周遭之人有所不同的事實。說實在的，當你找到屬於自己的價值觀時，你可能會發現自己並不是唯一有著相似價值觀的人。

艾蜜莉熱愛自己的工作。她有兩個孩子，而她堅定的信仰與外向的個性讓她能輕易融入所屬的教會社群。在她的芝加哥教會裡，她發現自己身邊都是跟她一樣的職業婦女。事實上，這是常態，而且好像幾乎所有人都對整天不在孩子身邊感到內疚。她們在讀書會和《聖經》研讀聚會時，碰巧在回饋意見的過程中，提到了他們各自的焦慮。

然而，艾蜜莉並不覺得內疚。「因為工作，我才成了更好的媽媽。」她說，「我運用自己的天賦，為世界和家人奉獻，成為更好的人。同時我覺得自己的孩子適應得很良好，有個上班族媽媽會更好。我對此毫不內疚。讓我真正感到內疚的，其實是『我不覺得內疚』這件事。當教會裡的其他媽媽們談到自己有多內疚時，現在我只會保持沉默。以前我曾經『假裝』自己知道她們的感受，但我卻感到內疚，因為事實上，這是在說謊。」

內疚已成為她生活的常態，內疚變成了一種共同的體驗，但艾蜜莉並沒有同感。當艾蜜莉決定不再假裝感到內疚，而是誠實面對自己的感受時，很有趣的事情發生了：其他媽媽們都重新振作起來了。她們很好奇她怎麼會這樣覺得，因為坦白說，她們也想要有這種感受，或者說，很慶幸至少有另一個自己認識的女性，也承認了有類似的感受。

「基本上教會裡有一種文化，認為女性應該就是妻子與母親，而不會頌揚我們其他的身分面向。」艾蜜莉這麼觀察到。「即使在今天這個世代，我認為女性都能感受到這種壓力，得要順從不一定是符合《聖經》而是符合文化的觀念。透過說出實話，我得以在所屬的教會團體的女性之間開始討論，身為有信仰的職業婦女意義何在。」

哪些價值觀會引起內疚？

價值觀是引導決定與行為的潛在信念，也就是說，價值觀形成了促使這些決定與行為的念頭。你的念頭不是憑空而來的，其根基於你的經驗、你學到的教訓、你的環境與文化。為此，可以透過釐清是什麼價值觀產生這些念頭，進而評估這個念頭的來源。

「釐清念頭」是放下內疚的關鍵一步。為什麼？因為念頭，亦即「你對自己所說的話」會引起反應，而這個反應是「你的感受」（情緒）和「所說的話或所做的事」（行為）。為此，當你改變自己的想法時，就能改變自己的反應，也就可以改變對於內疚的感受。

適得其反的想法會導致假內疚的情緒，造成你即使並沒有真的做錯事，也會感到內疚。在你能夠改變自己對於內疚適得其反的想法前，其有助於找出產生這些念頭的價值觀，而這就是許多人犯錯的地方。也就是說，並不是發生的事引起了假內疚，而是「你告訴自己」發生了什麼事所引起的。然而，很多時候你對自己所說的話，其實是套用並接受了其他人的價值觀。

記得，你可以選擇要「接受」和「拒絕」哪些價值觀。這需要意識與動機，但選擇權在你手上，而這樣的選擇權，就是放下內疚的方法。

我們必須承認自己所擁抱的某些根源於不健康、無益的價值觀，有些時候，是精神上被誤導的信念。因此，我想要幫助你慢下來，去釐清導致你感到內疚的價值觀，並確認它們是不是你「真實的價值觀」。當我說「真實的價值觀」時，意思是：這些價值觀是否最能反映出你想要的快樂與自由生活的真理？當你以「真實的價值觀」生活時，就是在「堅守」自己的價值觀了。你以友善且堅定的態度實踐這些價值觀，問心無愧。

在我的人生中，我重複運用「自我指導」來放下內疚，同時，這也是我用在客戶身上的方法。這個方法是我結合了以研發出認知行為療法而聞名的亞倫・貝克（Aaron Beck）醫生的技巧，以及我從研究生時期，就跟著知名復原力研究員兼心理學家，以及《復原力因素》（*The Resilience Factor*，直譯）共同作者凱倫・瑞維琪（Karen Reivich）博士針對復原力的訓練方法。

「自我指導」能幫助你釐清哪些價值觀導致你內疚。以下，我們用一個實際的自身案例來說明，也就是我每次去過夜旅行的時候都會感受到的「假內疚」。這種內疚感覺就像是一條濕掉的毛毯，熄滅了這趟過夜旅行所帶來的熱忱與快樂之火。引起內疚的想法產生了持續的焦慮，每當我想起家的時候，這種焦慮就會加劇。此時，我會有這樣的念頭：

- 你應該要待在家。
- 你兒子還這麼小，你去過夜旅行是不對的。
- 你的家人應該要優先於你的工作。

你可以想像，光是有這三個譴責的念頭，就連最成功的演講活動——在這場活動中，我啟發了數千名女性；即使離開家不到二十四小時，並請我媽媽晚上到我家幫忙照顧我兒子——都一樣會讓我感到內疚。但我運用第二章所介紹的「剝洋蔥法」，找到導致這些想法的價值觀，並運用強而有力的問題（強問）來做到這一點。

針對每個念頭，我提出以下的強問來深入探究，直到我找到核心的價值觀為止：

◆ ……**對你來說代表什麼？**
◆ **對你來說，這件事最糟糕的部分是什麼？**
◆ **對你來說，這件事為何如此令你感到沮喪？**

當我慢下來思考這些問題時，就能找出自己需要調整的價值觀。當你嘗試這樣做的時候，請從挑選一個內疚的念頭開始，並且一次只根據一個念頭提問。

我從感覺最為持久的念頭開始，一句讓我感到最糟糕的重複話語：「你兒子還這麼小，你去旅行過夜是不對的。」過程看起來會像以下這樣。請留意，這並不是一個完美的過程。每個問題我都有好多個答案，這很正常。我一次只深入探究一個答案，也就是最能引起共鳴的那個答案。一起來看看吧！

- **對你來說，「你兒子還這麼小，你去旅行過夜」這件事為何如此令你感到沮喪？**

這表示我兒子會有二十四到三十六個小時看不到我，這取決於我什麼時候出發或回來，以及他的上下課時間。這代表我會想他，他也可能會想我。這表示我兒子沒有一個百分之百待在家的媽媽，所以我得仰賴別人來填補這個空缺。

- **「你得仰賴別人來填補這個空缺」的這件事，對你來說代表什麼？對你來說，這件事最糟糕的地方是什麼？**

這件事最糟糕的部分，是它讓我覺得自己很自私。也許我不在會讓他感到焦慮；也許這代表我失敗了。我成了一個失敗的媽媽，因為我沒有足夠的時間去履行自己的諾言。

讀到這裡，你可能會不認同：薇拉莉說「他還這麼小」是什麼意思？對去旅行過夜的媽媽來說，孩子要多小才算太小？為什麼媽媽是不是百分之百待在家這麼重要？如果她不在家，就是做錯事了嗎？

若你開始質疑我表達的想法是否正當或適切，那你就快答對了，這就是「覺察念頭」的重點所在。很多時候，我們的某些念頭是基於虛假的假設，甚至是錯誤的資訊，因此，直到我們慢下來並說出自己的想法之前，很不容易察覺到我們究竟對自己說了什麼，以及這將如何影響我們的內疚。

回擊：這個想法是事實嗎？

「強問」每個內疚念頭之後，下一個至關重要的步驟，就是「回擊」（push back）：有些想法雖然誠實，卻不一定是事實。以我的例子來說，我真心認為就是「你應該要待在家」，但請注意「應該」這個典型的內疚用詞，也請注意這句話有多麼含糊。

為了要放下內疚，我得「回擊」這個持續的想法，回擊代表的是提出能幫助你決定該念頭是否為事實的問題，以及如果是事實的話，是在什麼樣的情況下。

關於回擊內疚念頭，你可以提出以下這些問題：

- ◆這是事實嗎？
- ◆是誰說的？
- ◆為什麼是事實？為什麼不是事實？
- ◆如果是事實，為什麼對我來說很重要？如果不是事實，為什麼不再接受這個謊言很重要？
- ◆如果不是像我說的那樣，那在什麼情況下對我來說可能是事實呢？

當我回擊「你應該要待在家」這個想法是否屬實時，我的答案是：在我有工作必須要離家過夜的時候就不是，不過我想要盡可能常常待在家裡。在人生的這個時期，我的家庭生活比我的工作更為重要，所以我必須更明確地區分自己要把握哪些機會。這讓我在決定要去過夜旅行之後，能夠感到平靜，而不是內疚。

藉由回擊想法，我發現這個內疚念頭的些許事實是：我想要盡可能常常待在家。為什麼？我想要盡可能品味更多時刻、教授更多課程、享受更多樂趣，並且創造更多美好的回憶。我的工作讓我能履行自己的使命，同時為自己的家人奉獻，以一種能夠讓我和我先生，活出上帝要我們活出人生的方式。這種生活可能看起來跟你的不同，但我很清楚自己正在做這個時期我應該要做的事。

當我反思自己寫下的這些想法時，我感受到信念在我身上增強。回答這些簡單卻有力的問題迫使我去釐清自己的價值觀。一旦釐清，我就能堅守它們了！我可以用從來沒有過的方式，說出什麼對我來說才是真理。

每當你說出一個造成內疚的想法時，就提出一個簡單但強而有力的問題：這是真的嗎？如果不是，就請糾正自己。以我的例子來說，我得問問自己：「在什麼樣的情況下，孩子不在身邊、去過夜旅行會很糟糕？」令人驚訝的是，我從來沒有實際思考過這個問題。直到我回答這些問題、揭開自己的價值觀前，我甚至不確定自己有意識到我正在思考這件事。

「好吧！」我心想。「若是我親餵母乳，大概就會想要避免去過夜旅行。或者是我剛生完小孩，醫生建議不要這樣做。或是，若沒有一個讓我覺得放心的人能幫忙照顧兒子，我可能就不會覺得去旅行過夜沒問題。對我來說，這代表要有個值得信賴的家人。但大多數時候，如果我不在家，傑夫和我們的另外兩個孩子（我的繼女們）都會在。老實說，他們都在家的時候，艾力克斯根本不會想我。況且要是傑夫不在家，我媽媽晚上就會過來，而艾力克斯會認為這是很棒的獎勵，因為他喜歡外婆過來家裡。」

藉由回擊內疚念頭，我找到了自己價值觀的論述：我去過夜旅行並沒有錯。我對於「在什麼情況下能自在地過夜旅行」這件事思考了非常多，而且也花了很多時間安排這些情況。我不認為這對艾力克斯有害。事實上，我需要去旅行也是我們家實際情況的一部分，因為就某些層面來說，這甚至有助於我兒子變得更能臨機應變和獨立。

你明白這一切要如何運作了嗎？停下來一會兒，提出強而有力的問題，幫助你剝開洋蔥，找出自己真正相信的事物。否則，完全不真實又自我破壞的想法就會產生內疚感，從而耗盡你的快樂。你是否願意努力建立起對自我想法的覺察，好讓你能有意識地選擇屬於自己的價值觀呢？

擁有自己的價值觀

擁有和堅信自己的價值觀非常有力量，而基本上這樣的概念是：「這是我所相信的事，且我會按照自己的信念過生活。我理解你有不同的信念和價值觀，但這些是我的。」

那麼，該如何開始擁有和堅守自己的價值觀呢？第一步，也就是我們前面所說的，**找出你的價值觀有哪些**。這需要一些自我反省，因為多數人不會刻意找出自己的價值觀。相反地，多數人都是以自己的價值觀生活著，只是沒有明確地辨識出這些價值觀為何。若是我能觀察你過去七天的生活紀錄，就能精準地告訴你你的價值觀有哪些。你如何運用自己的時間會展現出對你來說重要的事、你以什麼事為優先，以及你會做（和不會做）的事有哪些。但是，刻意找出自己價值觀的美妙之處在於，這是一種宣告，表示下定決心：「這就是我的意義所在。這是我所相信的事，也是我會做的事。」

多年來，派翠西亞的媽媽不認同她和先生平等分工育兒的方式，都讓她質疑自己對女兒不夠用心。直到有一天，她終於停下來注意自己對這件事的看法。派翠西亞就是在這時候意識到，自己在這方面的價值觀只是單純跟媽媽不一樣而已，而她能接受這樣的歧異。

當你知道什麼事情適合自己，並為此表明立場、拒絕接受內疚的時候，就能夠擁有和堅守自己的價值觀。當你發現自己因為別人認為「你應該」要這樣做但你卻不認同，而起了戒心或感到內疚的時候，請停下來檢視自己的想法，同時運用剝洋蔥法來揭開關於自身價值觀的事實。我們以派翠西亞的例子來進一步說明：

- **準確描述你的內疚觸發因素：**你因為他人的價值觀，或因為遵循了不是自己的價值觀，而對什麼感到內疚？例如，派翠西亞的媽媽對於她先生早上打理小孩、幫她們做好準備，發表了不認同的意見。
- **檢視你的想法：**你覺得自己做錯了什麼？你造成了什麼傷害？你的想法是否符合自己的是非價值觀，或是別人的？例如，以派翠西亞的例子來說，價值觀是「母親負責育兒的工作，尤其當孩子是女生的時候」，但那是她媽媽的價值觀，並不是派翠西亞的。派翠西亞的價值觀是「在我們家，父母兩人都該親力親為、分擔責任」。
- **把謊言換成真相：**以價值觀來說，你放下的不一定就是謊言，只是它並不是屬於你的價值觀。換言之，你把產生假內疚的價值觀誤以為是自己的價值觀了。

◆ **列出你的證據：**當提到你的價值觀時，你的證據就是「為什麼」和「從何而來」。為什麼這個價值觀對你來說這麼重要？這個價值觀從何而來？它和你的信念一致嗎？你的信仰呢？列出你的證據，自然就能擁有自己的價值觀了。

我們當中太少人擁有自己的價值觀了。我們讓其他人所相信的事物來影響自己的決定，而不是誠實、勇敢地釐清自己相信的事物與原因，並且依照這些信念選擇要如何過生活。相信我，這樣做既有力量，又能夠釋放情緒。千萬不要小看它！

慢下來，好好瞭解這一點。深吸一口氣，祈求澄澈和勇氣，並觀察著伴隨「成為真正自己」而來的自信。因為妳是一個擁有自我價值觀、自我期望、關係界限和所信仰之上帝力量，以信念而非恐懼行事的女性。

當你終於釐清並且掌握自己的價值觀時，就能去除懷疑自身選擇的傾向，那是因為你已經決定，要透過瞭解背後的價值觀來掌握自己的選擇。沒有必要再審判自己了，你可以過自己想要的生活，知道你正在做自己該做的事，你已經虔誠地選擇了自己的價值觀，即使別人批判你或你無法融入，你也不會為此再感到內疚。

內疚清理練習

看看你的內疚清單，選出最為持久的內疚困境，並回答下列問題：

- 讓我感到內疚的價值觀是什麼？
- 這是真的嗎？
- 是誰說的？
- 為什麼是事實？為什麼不是事實？
- 如果是真的，為什麼對我來說很重要？如果不是真的，為什麼不再接受這個謊言很重要？
- 如果不是像我說的那樣，在什麼情況下對我來說可能是真的？

第六章

內疚的好處

為何讓你感到內疚的特質，也造就你的成功？

- 內疚的好處有哪些？
- 你的內疚如何幫助你？
- 是你的良心驅使你盡責嗎？

在我探究內疚的過程中，有一項研究令我印象非常深刻。我一直都把內疚和負面情緒混為一談，所以當我發現神經學研究顯示，大腦其實會因為我們感到內疚而獎勵我們時，我相當感興趣。

根據美國神經科學家、《一次一點，反轉憂鬱》（*Upward Spiral*）[1]作者柯亞力（Alex Korb）博士的說法，「內疚」及其遠親「傲慢」與「羞愧」，會觸發被認為是大腦犒賞中樞的神經迴路。因為即便是由小事所觸發的內疚，依然能刺激到大腦的犒賞中樞，所以內疚會使人上癮。

這一點也許正解釋了我們為什麼喜歡向別人坦承錯誤，因為這會讓我們覺得「好吧！這樣至少我就沒那麼糟糕了」，進而使我們感覺好一點。這也讓我們意識到在內疚之中，我們並不孤單。有時，當我們開玩笑、吹噓自己的失誤和缺點時，甚至可能會陶醉其中。社群媒體上充斥著滿滿內疚的梗圖和貼文，都和育兒小事故、戀愛挫折、工作省思與健身目標失敗有關。在失敗的期望中，會產生一種共同的情誼：「噢，不是只有我！你也是！我們真棒……才怪！」

為什麼內疚會得到感覺良好的獎勵呢？因為內疚的想法，可以驅動良好的行為；內疚是一種動力，有助使人做出正確、符合道德的事，以及公平、和善地對待他人[2]。如果你一直因為內疚而感到自責，那麼，知道內疚或許也有其好處，就會是一個令人愉快的消息。

即使你的內疚感有時會讓你感到精疲力盡，卻也可能對於你的成功、人際關係，以及你所做的正確決定有所貢獻。因為內疚除了用負面感受折磨我們之外，還有一個目的：最終，它會激勵我們改善自己的行為、做出正確的事，並且公平地對待他人。

容易內疚的人，更容易成功？

大眾普遍認為，成功人士之所以成功，是因為他們充分利用自己的熱忱，熱愛自己的工作。這個觀念的論點，在於「如果你喜歡某件事，自然就會有動力，進而致力於實現它」。但是，如果這只是成功當中的一小塊拼圖呢？我們是否過譽了正面情緒的力量，而忽略了負面情緒也有其正向作用的功勞呢？

例如，比起你對自己工作的熱愛程度，內疚對於工作出勤紀錄來說可能更為重要。有一項研究試圖要找出「工作滿意度」和「工作出勤率」之間的相關性。這個假設是，享受工作的員工較可能每天出勤上班，而那些不滿意工作的人則較可能有更高的缺勤率。有道理，對吧？但事實證明，這個假設錯了。

美國賓州大學華頓商學院（Wharton School at the University of Pennsylvania）助理教授瑞貝卡．匈伯格（Rebecca Schaumberg）與美國史丹佛商學研究所（Stanford Graduate School of Business）組織行為學教授法蘭西斯．佛林（Francis Flynn）在《應用心理學期刊》（*Journal of Applied Psychology*）中，發表了「內疚傾向對於員工可靠性作用」的研究結果，他們將「內疚傾向」定義為員工「對於個人不當行為所產生負面感受的傾向」[3]。他們發現，無論是否對自己的工作感到滿意，那些容易內疚的人往往會有很高的出勤率。與此相對，那些不容易內疚的人，只有在喜歡自己工作的時候，才會有比較高的出勤率。從客服中心到農業和娛樂，匈伯格與佛林在許多不同產業中，都發現了類似的結果。

研究人員表示，這些可靠員工的動機是達成他人的「規範性期望」，而不是實現他們自己的直接利益。換句話說，規範會驅動容易內疚的人，而規範的另一個簡單說法就是「期望」。你可能還記得，內疚往往就是受到沒有達成某些期望的感受所影響，而這個期望無論是自己還是別人所設下的皆然。職場上的成功通常都跟維護該組織，將其視為規範的期望有關。為此，根據匈伯格和佛林針對容易內疚的人所進行的研究，也顯示出其他正向的結果，包括：績效考核中得到較高分、被視為有能力的人，對其所效力的組織更為忠誠。

另外，這些容易內疚的員工也可能更致力於做好事。佛林在接受《哈佛商業評論》（*Harvard Business Review*）的訪談中表示：「他們也可能更為無私。我們在『內疚傾向』與『利他行為』之間看到很強的關聯性。內疚的人更願意做慈善捐款和幫助需要幫助的同事。內疚和正向社會行為之間似乎有所關聯。[4]」

多年來，我的工作重心一直都是研究並教育大眾，關於成功女性的各種不同面向。我全心全意地認為，很多人都過於關注成功的步驟，忽略了成功的思考過程。普遍的想法是，如果知道步驟，就能夠抵達任何目標的終點線，然而，這樣的想法遺漏了重要的資訊——在旅程中，一定會面臨阻礙、失望或挫折。**成功人士和一般人或不成功的人之間的差別，在於他們於旅途中的每一步對自己所說的話。**

在設定目標時，他們會對自己說什麼？面臨質疑時，他們會對自己說什麼？失敗的時候，他們會對自己說什麼？錯了的時候呢？難堪的時候呢？重要關係變得糟糕的時候呢？最成功的女性不會只遵循特定的步驟；她們在面臨每個挑戰與機遇時，都會有不同的想法。大家可能以為她們的想法全都很正面，但這並非事實。雖然在深入探究內疚前，我從來沒有想過這一點，但我發現，內疚在她們的成功當中扮演著重要的角色。

內疚有很多好處，其中之一就是**「預期內疚」可以引導你的行為，讓你變得更值得信賴、更成功**。內疚能讓你在想放棄的情況下（像是你想要按下貪睡鍵和請病假的時候）保持自制；內疚能讓你維護雇主的目標，照顧他們的最大利益（並且可能導致升遷、表彰與加薪）；內疚會促使你給予那些有需要的人幫助（一個會導致幸福與滿足的習慣）。

因此，雖然內疚看似是一種負面情緒、總是剝奪我們的快樂，但若是我們沒有達成期望，「預期會感到內疚」的感覺，實際上則可能會讓我們做出符合他人期望的選擇，而這些選擇往往會帶來正向回報與成功。

這就是內疚的好處，它能引導你成為更好的人，例如：

- **內疚會促使你做出正確的事**：隨著時間過去，做正確的事會建立起正向的關係、幫助你達成重要的目標，並且讓你變得值得信賴。

◆ **內疚幫助你忠於自己的價值觀：**忠於自己的價值觀會帶來平靜，這同時意味著呈現自己真實的個性，這點對於復原力來說是必要的技能。

◆ **內疚是一種負責任的邀請：**真的做錯的時候，承認錯誤是健康的，而內疚會邀請你為自己的行為負起責任。

◆ **內疚會引起正向改變：**如果想要讓自己的行為與價值觀保持一致，並保持平靜，那麼內疚或預期內疚能激勵你採取改變的行動。

◆ **內疚會控制貪婪：**當行為過度失衡時，內疚能激發公正感。

事實上，成功與內疚之間最迷人的關聯之一，與高度成功人士中普遍存在的一種特殊人格特質有關。

培養內疚的成功特質

在心理學中，研究人員準確地描述了五種人格特質，作為所有人類的普遍類別，通常被稱為「五大人格特質」。研究人員表示，人格特質「被定義為相對持久的思想、感受與行為模式，代表準備好以特定方式對特定環境的線索做出回應。[5]」這五個人格特質分別是：

- 開放性（openness）
- 盡責性（conscientiousness）
- 外向性（extroversion）
- 神經質（neuroticism）
- 親和性（agreeableness）

在這所有當中，有一種人格特質在高度成功人士身上尤其常見，那就是：盡責性。「責任感是有計畫、有條理、以任務與目標為導向、自制、延宕享樂，並遵循規範與原則的傾向。[6]」在《牛津英語詞典》（*Oxford English Dictionary*）中，則是將責任感定義為想要把自己的工作或職責徹底做好的特質[7]。以下有幾項其他特質能用來定義盡責的人：

- 勤勞
- 可靠
- 刻苦
- 有條理
- 仔細
- 忠於職守
- 謹慎
- 縝密
- 以成就為導向

有哪些線索能看出一個人很盡責？一個擁有待辦事項清單、手帳本、保存完好的日曆、整齊有序的書架與櫥櫃、工作或學校出勤率高、定期就醫，甚至有謹慎花費習慣的人，可能就是個盡責的人。這當然不是詳盡的清單，但這裡要說的重點是，盡責的人往往會從事有效率、考量到未來後果，並且讓他們能夠成功達成正向結果的行為。

事實上，願意閱讀和聆聽有助於你成長與達成目標的書籍，就是個盡責的行為。我並不是要說，這就是你主要的人格特質，但我猜你至少在某種程度上或許能夠理解我為什麼會這麼說。畢竟，比起閱讀一本有關如何克服人生挑戰的書，你大可花時間做其他不太需要專注與動力的事，對吧？缺乏這種特質的人往往較不關心目標，為人和做事也更為隨興。

責任感與內疚

那麼，這一切與內疚有什麼關係呢？盡責的人相信他們會把工作做得很好，並履行自己的職責與義務，或者至少他們打算這麼做。他們行事負責、努力工作、維護規範；他們不辜負別人的期望，鍛鍊自制力，並且犧牲當下，以便在未來得到他們想要的東西。這些行為是盡責的人所重視的美德，同時這些行為會造就計畫周全與深思熟慮的未來。

盡責的人之所以成功有很多原因，且相當合理。盡責的人表現出秩序、勤奮、負責、控制衝動與恪守常規[8]。研究人員繼續解釋盡責的人「往往會安排自己的生活、努力工作達成目標、達成他人的期望、避免屈服於誘惑，並且比別人更加維護規範與原則。[9]」仔細閱讀最後一句話，就會發現這些傾向有時會讓人達不成期望。

目標、誘惑、規範與原則都需要自我控制，然而，自我控制是相當有限的資源。若是你經常需要自我控制，那它總有一天會被用光，然後，你就會因此感到內疚。不過，從以上的描述中，也能夠看出為何許多領導者、明星運動員與受過高等教育的人都很盡責。由此可見，若想要達到極高的成就，就需要以「盡責」為標誌的計畫、毅力與自我控制。

如果內疚是來自達不成期望，而盡責的結果是達成或超越期望，那麼，盡責的人似乎不會感到內疚，並充滿快樂，對吧？他們盡責縝密（而且這和他們的價值觀一致，感覺很好），因此，他們似乎比其他人格類型經歷了更少的內疚。話雖如此，或許是因為責任感導致人們維護規範、努力想要成功，並達成他人的期望，最終反而面臨到更多失敗的機會。面對失敗，我們很難一直堅持下去。當堅持不下去時，感覺就像他們做錯事了，進而導致內疚。原因如下：

- 「規範」基本上是對於可接受事物的原則，是盡責的人決定要接納的價值觀所驅動的期望。請記住，內疚是以你的價值觀和從這些價值觀所產生的期望作為基礎。維護規範是一種受內疚所驅動的行為，因為盡責的人認為規範是正確的事。
- 達成他人的期望是個以他人為中心的目標。正如我先前提到的，內疚是以他人為中心的情緒，因此當我們覺得自己以某種方式造成了傷害時，內疚就會隨之而來。換言之，一旦我們覺得自己因為無法達成他人期望，而讓他們感到失望是一種傷害時，就會因此產生內疚。
- 因為我們是人類，不完美是無可避免的。當盡責的人失敗時，他們會覺得自己做錯了事。他們認為要是再仔細、考慮周全或自制一些，也許就不會搞砸了。無法完美維持這麼高的標準時會產生更強烈的內疚感，特別是盡責的人，更容易因此產生假內疚。

以卡拉為例，在完成我們的教練學培訓課程後，她近期以「關係教練」的身分創業。卡拉是個非常盡責的人，她勤奮地遵循在我們的課程中學到的企業發展計畫，並小心翼翼地抽出時間來建立自己的副業，以免影響自己在主要工作上的表現。

她正在進行所有在專業培訓當中所學到的事：她清楚自己的目標受眾、勤奮地學習自己的技藝，並且開始謹慎地行銷，以免雇主對她產生質疑。她身為教練的工作和她身為企業培訓師的全職工作並不相關，但她不想要自己顯得沒有全力以赴或忽視了工作。在過去的六個月裡，她接下了共四位每週一約的客戶，在週二晚上與週六早上為他們提供指導。事情進展得很順利，雖然她有時候希望生意能夠快點起飛，因為她最終是希望能夠從正職公司的工作中完全跳脫出來，全職為自己工作。

她在社群媒體上追蹤了多位深受他們成功所啟發的教練，但上週她在瀏覽社群媒體的動態消息時，卻開始怪罪起自己。看到他們正在做的事，以及他們的事業在很短的時間內就取得成功之後，她深感內疚。「要是我把時間管理得更好，或許現在就能走得更遠了。我每週只花了大概八小時在這份事業上。我可以做得更多，也許我不夠認真看待這件事。我還不夠努力。」她對自己說。

當她在內心檢視還沒執行的行銷活動與想法時，就越加感到內疚。事實上，她建立自己的事業才只有六個月的時間，因此她或許根本沒有理由感到內疚，但她的責任感讓她對工作的時程寄予相當高的期望。然而，從現實面來看，這樣的期望在她正職以外僅有的時間內，幾乎是不可能達成的。

對「正確的事」盡責

雖然責任感會導致有效地履行責任與職責，卻有可能是對「錯誤的事」盡責。例如，規範很主觀，它們代表的是一組價值觀，然而，是誰的價值觀呢？你的家庭可能擁有與社會相悖的規範，為此，當你無法順從這些規範時，你會發現自己感到內疚。同樣地，你可能在一個你並不認同其價值觀的組織裡工作，卻遵從了那些價值觀，因為那些都是公認能獲得獎勵的規範。當你不順從這些規範時，就可能會發現自己感到內疚與矛盾，反之，當你這樣做的時候，也一樣會感到內疚與矛盾。

換言之，你不能只是對「遵從規範」盡責，你需要對「真正」正確與良好的規範盡責，而這就是你重置與調整自身行為，以去除假內疚的方式。你必須有意識地根據自己的價值觀來選擇自己的規範。唯有堅守這些價值觀，才能夠放下內疚。為此，與其試著達成雇主、文化或社會整體所支配的期望或規範，不如自己決定哪些期望才是應該達成的：什麼規範才是完全正確的？至善嗎？你的規範是什麼？你必須要很清楚。

對別人來說很正常的事，對你來說不一定很正常。話雖如此，當你因為遵從家庭、文化或公司的價值觀而受到獎勵時，就可能很難釐清和堅守自己的價值觀了。

你的良心告訴你什麼？

安妮塔曾在一家價值數百萬美元的媒體公司，擔任了多年的廣告銷售總監，當時她的老闆告訴她，公司將會在幾個月內賣給一位業界領導人。公司想要在接下來的幾個季度繼續帶入廣告委託，但不希望客戶發現這場收購案。問題是，隨著他們電台的售出，整個計畫安排都會改變，這意味著目標受眾也會有所改變。要是知道了這場即將進行的收購，許多客戶就會重新考慮他們的廣告購買意願，畢竟，他們是對特定的觀眾做廣告。話雖如此，安妮塔與其銷售團隊還是會繼續宣傳，就好像什麼都沒有改變一樣；安妮塔很盡責，為公司賺進了數百萬美元，但她還有良心。

「我把許多客戶當作自己的朋友，」她回憶著說。「我在之前的工作中和他們合作過，而且他們信任我。要假裝自己不知道這場收購案，明知他們花了錢也不會買到他們以為自己買下的東西，這根本就不對。」然而，她團隊中大多數的人都贊同老闆的作法。安妮塔得要做出選擇：為了銷售對客戶說謊，或者丟工作。最後，她選擇了後者。

為什麼她會選擇後者呢？因為**她知道必須對客戶說謊這件事情，會使她產生預期內疚，進而讓她沒有採取違背自己價值觀的行動**。換言之，安妮塔知道自己的價值觀是什麼，誤導他人和犧牲他人以謀取自己的利益並不符合她的價值觀。然而，那些正是她雇主的規範與期望。其他同事留了下來，遵從了那些規範與期望。「我不知道他們是否對說謊感到內疚，但一旦公司被收購，他們也一樣會丟工作。」她回想著說。「新業主會想要新人手，這種事情向來如此。」

安妮塔的困境就是一個堅守自己價值觀的機會，即使這表示得放棄自己的工作。後來，由於她身為有良心的盡責領導人的名聲，讓她很快就在另一家公司獲得了新職位，從事著她喜歡的相似工作。

內疚送給我們的禮物

如果你認真盡責，就能仰賴你始終如一地履行某些責任；如果你受良心引導，就能仰賴你始終如一地實踐「正確」的事。換言之，你的良心會讓你的責任感變得真正強大，而這樣的組合會造就真正的成功。堅守自己價值觀的女性既有責任感又有良心。

從良心的角度來看，內疚（或預期內疚）是份禮物，這份禮物能讓你的自身價值觀、信念與行為保持一致，尤其當你的倫理道德可能遭到質疑的時候，這樣做就非常重要。雖然責任感就是把事情做好並達成期望，但當這些期望並不道德的時候，責任感就不再是答案了，良心才是。

沒有良心的責任感很危險。就社會層面來說，這造成了一些歷史上最大的不公與暴行。猶太人大屠殺（Holocaust）就是這樣發生的；「種族隔離」與「吉姆・克勞法」（Jim Crow，即美國歧視黑人的種族隔離政策）就是這樣成立的。就個人層面來說，這麼做也相當有害。你不會想要只是盡責而已，你會想要有所目的。因此，你的責任感必須要由更高的權威所引導，而你的良心就是你的道德指南針，導引著你走向正確方向。記得，自尊心相當傲慢，甚至批判，但良心卻很謙卑。當你出於良心行事，就會產生好的內疚，這種好的內疚，是根源於事實、行為謙卑，因此也為寬恕做好了準備。

你和內疚拉扯的這個事實，並非負面的特質，而是表示你有良心。良心對你很有益，為此，我想要幫助你區分「好內疚」和「假內疚」。好內疚會讓你成為更好的人，同時穩固你的人際關係。與此相對，假內疚會扭曲敘事，讓你在沒有罪過時感到內疚，是有毒的內疚。

隨著我們繼續前進，我將會提供你更多工具好放進你的工具箱裡，讓你更能夠為內疚指引方向，並拿回屬於自己的快樂和喜悅。

內疚清理練習

承認內疚之於你的生活存在好處，你渴望做正確的事其實就是一種力量。這本書的目的就是要防止你過度使用這種力量，以免在不必要的時候感到內疚。

列出你對這個問題的答案吧！無論是在人際關係、工作、財務、健康或精神生活中，責任感和良心在哪些方面為你的成功做出了正面的貢獻？

第七章

重設你的期望

停止內疚，創造你要的快樂

- 你用哪些方式讓自己感到內疚？
- 哪些期望是可以被調整的？
- 如何重新設定自己的期望？

或許內疚之所以會持續增長的原因之一，是因為期望也跟著變高了。如今資訊更加發達，對於我們「應該」要過什麼樣的生活，有了更多可以「比較」的地方。直到一九九〇年代，如果想要找到資訊，就必須自己去尋找，然而如今，這些資訊則是被主動送上門來。事實上，你越常在網路上閱讀一個特定主題，關於這個特定主題的文章其出現的機率就越高，如此一來，很容易就會過度意識到完美看起來應該要是什麼樣子，這可能就會形成你對於生活「應該」要是什麼樣子的期望。

造成內疚的期望其顯而易見的跡象之一，就是「應該」這個詞。為此，一旦你在日常對話中經常使用到「應該」這個詞時，就要特別留意了。那些感到內疚的人通常在開始一句話的時候，都會說「我應該要……」或「我早該要……」。這兩者有所關聯相當合理，因為「應該」被描述為「用於表示義務、責任或正確性，通常是在批評某人行為」的一個詞[1]。當然，內疚關乎的是沒有履行的義務、責任，以及做錯事。不過，每當你發現自己使用「應該」的時候，不妨考慮用「可以」取代它。

「可以」會在確認你選擇的同時傳達其他訊息。「我可以」和「我本來可以」跟義務無關，而是跟選擇有關。那麼「我早該要做得更多」就會變成「我本來可以做得更多」；「我應該要去參加這場我不想參加的鄰居聚會」就會變成「我本來可以去參加這場我不想參加的鄰居聚會」。**只要轉變用詞，就能轉變想法**。

記得，沒有期望就不會內疚，所以沒有什麼方法比調整自身期望，更快能消除內疚感了。要做到這一點，首先你必須留意一切，這表示你要慢下來，仔細檢視自己的期望。有時候我們的期望太模糊，以至於從來就不覺得自己所做的一切足以達成期望。其他時候，我們的期望甚至不是自己的，相反地，都是跟我們的價值觀不一致的原則和規範。**有時，我們的期望已經不合時宜；或許它們在我們人生的另一個階段曾經很合理，但不是現在**，不是我們現在應該擁有的願景和責任。

為了放下內疚，我們必須放下跟真實的自己和處境不一致的期望，並有意識地重新設定自己的期望，以反映出我們深切渴望的快樂與目標，要做到這一點需要「善待自己」（self-compassion）。與其因為達不成被誤導的期望而怪罪自己，倒不如因為努力要達成這些期望善待自己：深呼吸，轉換想法，再決定這些期望是否適合自己。

我們透過本書所經歷的大部分旅程，都關乎於認清產生內疚感的念頭，接著有意識地選擇新的想法，從而使這些新的想法產生新的感受。多數人不會這樣注意自己的想法，且多半單純是讓腦海中浮起的任何念頭引導他們。然而，若想要擁有自由與快樂的生活，察覺念頭就不僅止於是一種選擇，而是必須養成的日常習慣。

期望就是你「應該」要做什麼的想法；期望就是你與自己對於「將要」和「不要」做的事所達成的協議。為了克服內疚，必須有意識且刻意地設定你對自己的期望。如果你不這樣做，就很有可能會讓自己感到內疚，甚至根本沒意識到自己在做什麼。

在本章，我們要來討論五種容易讓你感到內疚的期望，以及該如何發現它們。接著，你將學習如何重新設定自己的期望，進而創造出澄澈、平靜和快樂的喜悅。

期望與價值觀的不同之處，在於價值觀是對你來說最重要的信念，也就是你認為最重要的事，至於期望則是由於這些價值觀，你認為自己應該或不應該做的事。因此，如果你的其中一個價值觀是自由，就可能會期望自己應該要在花費方面保守一點或積極賺更多的錢，因為你相信這樣做會帶來財富自由；如果你重視創意，就可能會期望自己小孩的生日派對應該要有主題、有規劃，並展現出他們的獨特個性，或者你覺得在工作上的簡報不應該使用千篇一律的範本，而是應該用更多的時間和努力，整合出一個令人難忘的特殊設計。

模糊的期望

或許最為持久和難以捉摸的期望就是所謂「模糊的期望」，例如：你應該要做得更多。然而，多少才是「更多」？你到底應該要「做」什麼？一旦不夠明確時，就永遠不會知道自己什麼時候才做得夠多。模糊的期望會讓你感到內疚，因為你無法衡量自己是否已經達成期望。要是你總是都對自己很嚴苛，就永遠不會認為自己做得「夠多」了。

艾瑞卡來參加教練會談時，狠狠地怪罪自己。她的內疚清單很長，其中，清單上最重要的兩件事，就是沒有花足夠的時間陪伴兩位處於弱勢地位的親人。

「我覺得很內疚，因為我和弟弟住在不同的城市，我無法經常見到他。」她解釋著。她的弟弟在二十多歲時因一場意外造成殘疾，雖然他能獨立自主生活，但仍然面臨著許多挑戰。艾瑞卡在媽媽過世前承諾自己永遠會確保弟弟受到照顧，雖然她也這麼做了，卻覺得自己並沒有像她想要的那樣達成期望。

「我確保他擁有經濟上所需的一切，我一天會和他說幾次話，其他家人一週會順道去看他幾次，」她繼續說。「但我人不在那裡。搬過來這裡和我一起住對他來說又太辛苦，變化太大了。」

「你認為你媽媽會很失望嗎？」我問道。「你曾經因為沒有照顧好弟弟，而讓她失望嗎？」艾瑞卡停頓下來，嘆了一口氣。「我有好好照顧他，但我想她會希望我離他更近一點。」儘管和弟弟同住是艾瑞卡的長期計畫，但就現階段來說經濟上並不許可，所以她只能盡量多去拜訪弟弟。

然而，並不是只有弟弟的狀況讓她感到內疚。她的阿姨年老多病，艾瑞卡已經將近一年沒有見到她了。「車程要五個小時，而且我們最近太忙了。我先生常常出差，所以要找到一個週末開車過去幾乎不可能。」她解釋著說。「對此我覺得好內疚。她是我最後一位還在世的阿姨，也是我父母那輩僅存的一位親人。她目前待在療養院裡。我只是希望讓她覺得有人愛她，而且知道我在乎她。」

聽完艾瑞卡談論她的內疚之後，我有兩個目標：（一）幫助她釐清自己經歷的是真內疚還是假內疚，以及（二）幫助她放下內疚，且針對這些對她來說非常珍貴的關係，採取能帶來喜悅的行動。要做到這一點，就需要剝開讓艾瑞卡每天都怪罪自己的層層期望。那並不一定是有意識的斥責，反而比較像是揮之不去的悲傷念頭，認為她讓已故的母親失望了、她辜負了弟弟，而且忽視了她親愛的阿姨。雖然她並沒有明確地將自己的念頭稱為「期望」，但事實就是如此。這些期望相當無情，以至於即使她已經花時間陪伴弟弟或打電話給阿姨，她還是有一種覺得自己做得不夠多的感覺。

我引導艾瑞卡的方法跟其他所有人一樣，都能用來剝開讓我們難以放下內疚的層層想法與情緒。最終，這個方法顯露出她的念頭以「她並未檢視過和表達過的期望」為中心。現在，一起來看看我們的對談：

薇拉莉：如果只用一句話來形容，你到底為何感到內疚？

艾瑞卡：因為我不像我向自己承諾的那樣，花更多的時間陪伴我弟弟。也沒有在我阿姨年老的時候陪伴她，盡到應盡的義務。

薇拉莉：好，我們從第一項指控開始：沒有陪伴你弟弟。你如何定義「陪伴」？

艾瑞卡：我每隔一段時間會為他煮一頓家常菜，那是我去的時候他唯一要求的事。因為他自己一個人的時候，沒有辦法吃到這些家常菜。對此我感到非常難過。

薇拉莉：你得要多常為他煮一頓飯，才會覺得自己花夠多時間陪伴弟弟？

我想要在這裡先暫停一下，說明為什麼我要提出這些問題。**當我們感到內疚時，很容易提及我們沒有達成的期望，卻從來沒有「定義」這些期望**。以這個例子來說，艾瑞卡覺得自己不夠常陪伴弟弟，因而感到內疚。多年來，她經常重複這句話，不僅在教練會談時提到，也會對朋友、家人說，其中最糟糕的是，她每天都會對自己說這句話。然而，當我問她要「多常陪伴」才能達成期望時，她卻說她從來沒有問過自己這個問題。

我們多常對自己這麼做？我們設定了沒有明確定義或界限的期望，好比：我應該為孩子多做一點、花多一點時間陪伴家人、更努力工作、更常運動，然後因為這些模糊的期望沒有達成，就怪罪自己？如果沒有一個可以量化的目標，那什麼時候你才算是做得夠多了？答案是：你不知道，你永遠都做得不夠多，因為總是有更多你可以做的事情。為此，就來把這個問題層層剝開吧！

一、準確描述你的內疚觸發因素

我稱之為「內疚陳述」，也就是用「一句話」來描述你的內疚觸發因素及其之所以產生內疚感的原因。以艾瑞卡的例子來說，她的內疚陳述是：「我感到內疚，因為我不像我向自己承諾的那樣，花足夠的時間陪伴我弟弟，也沒有在我阿姨年老的時候陪伴她，盡到應盡的義務。」

接著，**請將內疚觸發因素縮小到一次一個挑戰**。雖然艾瑞卡找出了兩件令她感到內疚的事，但我們一次只能解決一件事，所以我們把範圍縮小。當你將自己限制在一個特定念頭時，更能準確描述你對它的感受。試圖要同時談論多個困境會讓突破變得更加困難，如此一來，最終會發現自己所說的盡是廣泛的措辭，然而廣泛無助於找到準確的內疚觸發因素。

二、檢視你的想法（定義期望）

「你如何定義『陪伴』？」我問艾瑞卡。定義很關鍵，因為「陪伴」很模糊，每個人對它的定義都不盡相同。艾瑞卡似乎將陪伴定義成為他下廚，但她並沒有明確說出頻率。所以我接著問了這個問題：「你得要多常為他煮一頓飯，才會覺得自己花夠多時間陪伴弟弟？」這個問題的目標，是盡可能讓期望變得明確，因為正是期望奠定了你成功或失敗、快樂或內疚的基礎。

我們來看看她是如何回答這個問題。

艾瑞卡：我會每三個月去拜訪一次，度過三天的週末。

薇拉莉：好，所以假如你每三個月去拜訪他一次，而且都在那裡的時候為他下廚，你就會覺得自己花夠多時間陪伴他了嗎？

艾瑞卡：對，我會覺得那樣很好。

薇拉莉：那你現在多常見到他？

艾瑞卡：這個嘛，讓我想想。去年我們在他的生日、聖誕節、感恩節、我兒子的生日，還有另外兩次旅行都有去拜訪他。所以是六次，但並不都是專程去拜訪他。

薇拉莉：所以你去拜訪了六次？你有下廚嗎？

艾瑞卡：沒有，不是每次。有兩次我沒有下廚。

薇拉莉：所以去年有四次的拜訪，你都有為他下廚嗎？

艾瑞卡：對。

薇拉莉：所以你已經達到自己認為需要拜訪和做家常菜的頻率，好讓你覺得自己夠常陪伴他的平均數了。那麼，究竟是少了什麼讓你感到內疚呢？

艾瑞卡：（停頓）你知道的，我想是因為我沒有計畫好未來的日期。而且我覺得好忙。

三、把謊言換成真相

如你所見，艾瑞卡的內疚是假內疚，她其實並沒有做錯什麼事，卻「覺得」自己做錯事了。在釐清她對「足夠」的定義時，我讓她看見她已經比自己所期望的，還要更常去拜訪弟弟了。不過因為她一直提及自己很忙碌，我也想要層層剝開這個情況，讓她能夠確定未來的日期，以便對於探望弟弟的計畫感到開心與平靜。

最近幾個月，艾瑞卡週末都不在家，相當忙碌。她出門是為了弟弟的生日宴、其中一個成年子女的訂婚宴、參與先生的家族活動、為期一週的度假旅行，以及兩次工作出差。她還計畫幾個月後要再次為了過節遠行。她通常會在弟弟家下廚、主辦節日晚餐，家族親戚也都會來。

薇拉莉：你每個月會想要有幾個週末待在家？

艾瑞卡：這個月只有一週。兩週的話會很好。

薇拉莉：兩週是你想要的，還是你可以接受的？

艾瑞卡：我可以接受的。

薇拉莉：那「你想要」有幾個週末待在家？

艾瑞卡：三週的話就太棒了。

薇拉莉：好，那你以三週為目標如何？這樣你一年有十三個週末可以遠行。在接下來這一年的十三個週末裡，你會有幾個週末給弟弟，又有幾個週末給阿姨呢？

四、列出你的證據

你可能已經注意到，在我們指導對話的「檢視你的想法」和「把謊言換成真相」階段中，艾瑞卡列出她實際上拜訪了弟弟六次，並為他下廚了四次的證據，達成了我請她定義時她自己所說的期望。接著，她制定了一個具體的前進計畫，而這些都實踐了剝洋蔥法中「列出你的證據」這個階段。如果你發現自己透過剝洋蔥法的指導，準確描述與釐清自己的期望之後，仍未能列出你期望的完美前進計畫，那也沒關係。重要的是，你完成了這個方法當中的每一個步驟。

因為我的主要目標是幫助艾瑞卡「釐清」自己的期望，並讓她對自己想要為所愛之人做的所有事情感覺良好。雖然我們並未轉而談論她對於沒有花更多時間陪伴阿姨的內疚感，但我知道那也是她願景的一部分；由於她已經釐清了自己對於弟弟的目標，我相信之後艾瑞卡也有辦法處理她對於阿姨的內疚感。

在她的教練會談尾聲，艾瑞卡說她感覺好像從肩上卸下了重擔一樣。她還承諾總共要有十四個週末離家遠行，包括要和先生、姐妹淘去旅行、週末慶生，以及和弟弟、阿姨還有其他家人度過週末。

另外，我還問了她都做了什麼其他事來「陪伴」弟弟和阿姨。她說項目相當多。例如：她會檢查弟弟的帳單是否都有繳清、一天之中和他交談多次、確保自己已成年的孩子們會經常順道去看他、重視弟弟的生日和一起過節。她還是打算最後要搬過去和弟弟一起住，而我們的會談促使她和先生討論要達成這個目標的具體日期，即使那是五年後的事。

至於她的阿姨，艾瑞卡辦了一場盛大的八十歲生日派對、陪她度過了近幾年的每一次生日、每個月送一次愛心包裹給她，而且每個月至少打兩次電話給她。艾瑞卡住得離她更近的時候，會更常去拜訪阿姨，好讓艾瑞卡的孩子也更加瞭解他們的姨婆，留下了美好的回憶。「毫無疑問，我很敬重她，她也知道我愛她，即使我不常在她身邊。」艾瑞卡這麼承認著。

艾瑞卡的內疚源自於她從來沒有達成的模糊期望。她的內疚陳述很難反駁，「沒有更常陪伴我弟弟」以及「沒有在我阿姨年老的時候更常陪伴她，盡到應盡的義務」。然而，透過定義「更常陪伴」，她才突然發現她其實一直都有達成自己的期望，但因為她從來沒有明確定義過期望，所以她「應該要更常陪伴」的想法才讓她感到不知所措。

總是有更多事可以做，所以，設定一個明確的期望，知道自己何時達成了「更多」，這就是去除內疚的關鍵所在。

不合時宜的期望

隨著你的情況改變，就必須重新評估期望。當然，大多數人並不會想著「我正在邁入新的階段，所以需要坐下來重新評估自己的期望」。然而，那些擁有重要有利條件的人，卻會這麼做。

當你的生活以某種方式改變了之後，請花點時間檢視自己的期望，如有需要，就請重新設定期望。無論這樣的改變是什麼，例如：工作的改變、關係的改變、財務的改變、健康的改變、搬家，或是任何改變你日常生活方式的事物，一旦你在新的階段仍抓住舊有的期望時，就會讓自己感到內疚。另外，即使是精神或情緒成長的改變，也都值得暫停一下。好比在你逐步瞭解這本書的概念與指導、看見了自己觀點的轉變之後，也需要你審視自己先前所認同的期望。

上一個階段的期望現在可能已經不適合了，但是「沒關係」。事實上，在你試圖要達成不合時宜的期望時，就阻礙了自己達成目前所處階段之期望的能力。此外，更可能會因為無法達成新階段不再合宜或甚至無法實現的期望，感到內疚。

例如，想想一對承諾要在成年兒女從學校畢業到找到工作的過渡期間給予經濟上的援助，讓他們得以自立更生的父母。若是沒有設定好時間軸，那麼雙方都可能發現自己處於困惑的境地。父母原本打算提供六到十二個月的經濟援助，可能會變成三年的時間，甚至看不到盡頭，進而讓父母對於切斷援助的想法感到內疚。但事實是：期望父母會支付某些費用應該要是一個階段而已，而這個階段已經結束了。為此，透過重新設定期望，父母就能從不再合宜的義務中解脫出來，而成年子女也能夠自力更生，這對每個人來說都是好事。即使你一開始重新設定期望的意圖並不明確，不過要相信你自己，現在，確實可以做得到。

不合時宜的期望很容易就會出現在親子關係中。隨著他們年紀漸長、變得更加成熟，他們就更有能力為改變負責，因此家長對於孩子的期望會改變，是非常自然的。

不合時宜的期望也會發生在其他層面。基本上，繼續做自己一直都會做的事很容易。然而，假設你今天換了新工作，導致通勤時間更長或工作進度要求更緊湊，以致你無法繼續做某些過去會做的事情時，你就會感到內疚，例如：不能像往常一樣跟朋友聚會、達不成以往對家務的期望等。然而，只要停下來重新檢視自己的期望，就會明白如果你想要放下內疚、重拾喜悅，就可能得要重新設定期望。

失衡的期望

當你對自己的期望高於你對別人的期望時，就會出現「失衡的期望」。這通常會發生在你覺得自己必須以失衡的方式承擔責任、為你的好運或你認為自己欠下的罪債做出補償的時候。例如，我的工作經常需要我離開辦公室去出差（有時候我週末得在會議上發言），而寫作則需要我在能安靜獨處的時候進行，像是凌晨四點或是晚上大家都上床睡覺之後。這樣的作息時間，意味著我可能會在公司團隊的其他人正在工作的週間休假。對我來說，我必須要放下的內疚就是：我覺得我在休息時，竟然還要求員工遵循正常的辦公時間上班，這件事情對他們來說不公平。這些正是令我充滿內疚的想法。我經常讓這些想法掌控我的行為，也就是說，我會為了公平起見進辦公室，而不是當之無愧地好好休息：我的期望失衡了。我得透過檢視情況背後的真相，來重新設定這個不合理的期望。

同時身為創意工作者和企業家，我的角色與責任層級，與團隊的其他成員並不相同。大家對我的期望並不是以「工時」或工作的日期時間來衡量，而是以我創作內容的質量與影響力，以及經營事業的重點、樂趣與卓越來衡量的。

我運用了剝洋蔥法來重新設定我在這方面的期望。首先，我準確描述了自己的內疚，也就是「因為我有時候會選擇在辦公時間休息，而覺得自己做錯事了」。然後我檢視了這個想法，這個我不該在辦公時間休息的期望。接著，我把它換成了真相：身為業主／作家／講者／內容創作者，我沒有義務必須遵循辦公時間進出辦公室。

無論花費多少時間，都只有我有義務要實現我的目標和經營成功的事業，沒有其他人有這種層級的責任與義務。把辦公時間視為神聖，卻沒有考量到我在非辦公時間的耗損，這完完全全失衡了。我認為我之所以會有這樣的想法，是根源於我曾短期在美國企業工作既有的期望模式。當我從員工轉變為企業家時，處在新階段的我仍抓住不合時宜的期望，因而造成了讓我感到內疚的失衡期望。

另外，有「過度負責」（overresponsibility）傾向的人，也會出現失衡的期望。過度負責的人會承擔其他人的責任，如此一來，隨著時間過去，這個習慣就可能成為失衡的期望。結果就是，如果你沒有堅持下去，就會感到內疚。

有時候你純粹是出於恐懼而過度負責，例如「他們不會做對的，所以我來幫他們做吧！」或是自我利益，比如「我想要提米考上一所優秀的大學，因為那會反映出我的養育方式，所以我要幫他追蹤作業的情況，在他忘記或遲交作業的時候，寄電子郵件給他的老師以爭取更多的時間。」但很多時候，過度負責是根源於錯誤的期望，進而使你無法應對影響你的挑戰。

完美主義的期望

國際非營利性組織「編碼的女孩」（Girls Who Code）的創辦人瑞詩瑪．蕭哈尼（Reshma Saujani）在她著名的TED演講中表示「我們的文化把男孩養得勇敢、把女孩養得完美。[2]」這有絕大部分是真的。

關於完美主義，大部分都是女性的問題，而這和我們社會化的方式有關：我們應該看起來漂亮；我們應該打理整潔；我們應該找個童話般的丈夫，並且有表現得體的孩子；我們應該擁有完美的家和家居裝飾、完美的飲食，以及完美的身材。這是我們從小到大一次又一次接收到的訊息。難怪身為女人的我們會有那麼多的焦慮和壓力！即使我們不想要這樣，也很容易就把這些內化成自己的期望。

由此可見，從文化上的角度來看，完美是有獎勵的：崇拜讚美、認同和接納，而不是拒絕。為此，放下內疚意味著要捨棄某些期望，但這得要冒風險：要冒著不被接受或接納的風險、要冒著不完美的風險。然而如果「完美」是認同與接納的保證，那麼就很難放手。問題是，誰的接納對你而言很重要？

最有害的期望之一，就是自行加諸的完美主義期望，其症狀是防備、比較，以及對自己的苛刻言辭。你會因為自己所察覺到的不完美而隨意怪罪自己，但如果你認為別人可能會注意到這些不完美，你的回應就會帶著防備，畢竟既然你都已經在自責了，就不需要別人也來指出你的缺點。但問題是，很多時候你覺得飽受批評時，其實往往其他人並沒有在批評你。你之所以會這樣解讀，只是因為你沒辦法持續達成自行加諸的完美期望，所以感到挫折。

我很瞭解這一點，因為我經歷過。這是我在研究內疚時，自我發現和自我征服的層面之一，「完美的內疚」以防備的方式出現在我身上。一個親近的朋友問我，為什麼我對她問我的一些問題，總帶著防備；順帶一提，沒有什麼比好朋友針對你的狀況提出質疑還更棒的事了！

一開始，她的問題讓我覺得很困惑，因為我以為我帶著防備的原因顯而易見。她總是試著要幫我想出能讓專案繼續進行的最好辦法，於是一直問一些我沒有答案的問題，而不是給予建議。每問一個問題，就提醒了我有多少自己應該知道，卻仍不知道的事情。「難道她不知道我不知道答案嗎？為什麼她得要問這些我答不出來的問題來指出這一點？」我覺得原形畢露，被自己失敗無能的感覺所淹沒，這樣的感覺相當殘酷。

但事實上，她的用意卻正好相反，她只是想要讓我思考一些可能的答案，而不是要我因為不知道答案而感到內疚。就是在這時，我決定要檢視自己的想法：是什麼樣自行加諸的期望造成了這些內疚感？完美主義。我們當時正在討論跟我工作有關的事，而我的期望是我應該要知道所有答案。我是「定型心態」（fixed mindset），卻根本沒有意識到這一點。定型心態的人認為智力、才華和能力都是固定不變的，是取決於你本來就具備或不具備的固定特徵，無法透過努力來改進[3]。

然而，透過承認自己的防備，我發現一件關於自己的事：是我對自己的期望，讓我感到內疚。我需要表現得完美才能被接納，而其中一個我定義的方式，就是在工作上要無所不知。一旦我無法達成時，就代表我做錯事了：我不夠努力工作，因此不配擁有這些機會。

我預期自己應該要知道所有事，所以就會在不知道的時候感到內疚。因此，當朋友問了一個我答不出來的問題時，感覺就好像她照亮了我做錯的事，而我早就為此自責了：「我不知道是因為我沒有花時間自己去搞清楚。我不知道是因為我懶惰！我不夠努力工作。我需要更專注。」

後來，當我用剝洋蔥法檢視自己的想法後，我對於結果感到很震驚。對我來說，防備給了我警示，但除此之外「比較」與「苛刻言辭」也都是跡象。以下用另一個例子說明。

蘇菲亞在回家的路上，從最喜歡的蛋糕店買了美味的草莓杯子蛋糕，她閉上眼睛，吸著杯子蛋糕上草莓奶油糖霜的甜美香氣。在咬下她最喜歡的美味點心前，品嚐甜美氣味是她的習慣。她坐在車上慢慢享用，隨著光滑乳狀糖霜與濕潤的杯子蛋糕融合在一起，她的味蕾沉醉於其味道與質地之中。經過壓力滿滿的一天，這是令人垂涎的歡樂時刻。

但幾乎就在吞下最後一口杯子蛋糕的那一刻，她感到一陣胃痛。那不是糖分引起的痙攣，而是她的情緒：對自己感到失望，緊接著馬上感到內疚，因為她說過自己這週要做到一件事：為了吃得更健康所以不吃甜食，但她做的卻是完全相反的事情，而以下**這種負面的自言自語就是斥責**。

「我答應自己這週就要開始吃得健康。看看我：依舊坐在車上吃了一個五百大卡的杯子蛋糕，這樣就沒人知道我在幹麼了。在漫長忙碌的一天之後，我只是想要一點點小確幸而已。為什麼我就不能像養生達人同事安琪拉那樣，用運動來減壓呢？為什麼我就不能像姐姐那樣自律呢？煩死了。」蘇菲亞沮喪地低下頭，嘆了一口氣。

「我想我下週再開始吧。」她半信半疑地告訴自己。

「比較」和「嚴苛的自言自語」就是蘇菲亞完美主義期望的跡象。我開始寫這本書的時候，我以為最大的罪魁禍首會是對育兒和工作的內疚，以及處理親近的朋友或家人的情緒勒索。但我很驚訝地從數百位女性的調查當中得知，雖然這些生活層面肯定造就了許多內疚感，但對於飲食習慣的內疚才是名列前茅（緊接著就是對運動習慣的內疚）。

正因為飲食是每天要做很多次的事，所以使我們有很多機會感到內疚。或許你從來就不認為這是內疚，或者從來沒考慮過腦海中告訴你「應該」或「不應該」吃什麼的對話，會破壞你的快樂，但它確實做得到。事情是這樣的：我們被大量應該和不應該吃什麼的資訊轟炸，這些爆炸的資訊會讓既存的問題惡化，尤其是在你想要成為完美主義者的時刻。所幸，現在你可以有一個連接到智慧手錶的藍牙磅秤，告訴你體重和你走了多少步路，並示意你把自己吃的所有東西都輸入應用程式裡。這對於設定目標和維持在正軌上相當有用，同時，也非常有助於你明確知悉自己的不足之處。

事實上，當你決定要放鬆一下，偶爾有機會享用點心的時候，就能消除內疚。根據蓋洛普市調公司（Gallup Organization）的研究顯示，要改善飲食習慣最好的方式之一，就是遵循一個非常簡單的原則：選擇好的食物多於壞的食物[4]。假設食物是你的內疚觸發因素，那麼如果「選擇好的食物」多於「壞的食物」是你唯一的期望會如何呢？而這又會如何改變你的感受呢？

別人的期望

「期望」雖然是你對於自己要做什麼跟不做什麼，從而和自己達成的協議，但實際上，期望往往都是從別人要你達成的協議開始。有時候別人想要的並不是你想要的，也不是上帝要給你的，或者根本不可行。然而恐懼，尤其是對不認同的恐懼，可能會導致你擔起這個他人期望的重擔，藉此來避免不舒服的對話或徹底的拒絕。

當我們不花時間釐清對自己的期望時，往往就會試圖要盲目地達成別人的期望。「別人」可能近如父母或小孩，或遠如那些你甚至無法準確描述、模糊的「他們」，卻仍能確信他們對你應該怎麼過你的人生有其意見和期望。在現代世界，「別人」可能也包括我們從社群媒體、傳統媒體、名人以及精神與政治影響者身上所接收到的訊息。

弄清楚「自己是誰」以及「自己相信什麼」需要自我反省和努力。讓別人來告訴你「你的期望應該要是什麼」相對容易，尤其如果接受這些期望等同於認同與接納的話。然而，真正的成長發生在你質疑每個你接受的期望，並提出以下問題的時候：

- 這是我的期望，還是別人的期望？
- 如果這是我的期望，為什麼這對我來說很重要？
- 如果這不是我的期望，那它從何而來？
- 在人生中的這個階段，我對自己要有什麼樣的期望才是明智的？

內疚清理練習

請使用以下方法自我指導，重新設定讓你產生假內疚的期望。「重新設定期望」的力量很大，但需要練習。一旦你找出自己的新期望，就把它們放在自己面前。你可能會想要把它們寫下來、在手機上設定提醒，或者跟一個朋友分享，如此一來，當舊有期望的假內疚開始蔓延時，朋友就能幫忙提醒和說明。

現在的內疚困境

想一想現在最困擾你的內疚困境，把它們記在這裡：

成功放下假內疚的關鍵，就是需要「重新設定的期望」。現在，我邀請你重新設定導致你的假內疚的期望。你不是無法達成期望，而是這個期望跟你想要的或在乎的並不相符。因此，請問問自己：

- 我的期望是什麼？
- 這個期望從何而來？
- 我是否讓這個期望明確的足以知道何時達成了？
- 這個期望是否反映出對我來說重要的事物？

當你開始瞭解期望可能會造成假內疚時，請進一步思考這些期望從何而來。只堅持「自己」和「上帝」所接納的一切，聽起來好像相當容易，但事實上，這需要深入的內在努力、需要大量的信任、需要不去在乎別人怎麼想。

「說比做容易」，我們「說」說過多少次不在乎別人怎麼想，但最後的行為都事與願違呢？話雖如此，如果想要打破完美主義所代表的束縛枷鎖，就有必要堅持這麼做。

需要重新設定的期望

想一想你的期望，符合本書中描述的哪一個類別層面：模糊的期望、不合時宜的期望、失衡的期望、完美主義的期望，或別人的期望。目前你有哪些試圖達成的期望需要被重新設定？把它們列在這裡。

最後，利用以下這四個步驟開啟重新設定的開關，進而打造能讓你以喜悅、平靜與自在達成的真實期望。

一、給予內在聲音新的腳本

確保你的內在聲音放下內疚，而不是持續堆積。你不一定能選擇會出現什麼念頭，但你可以選擇不要去重複這些想法。當你沒有達成期望而怪罪自己的時候，你都對自己說什麼？用更有幫助的想法取代這些念頭「我有權不完美。我選擇喜悅，而非內疚。感覺良好是好事。我選擇感覺良好。我原諒自己的不足，並且感謝上帝賜予我從中學習的恩典。」

二、允許自己重新設定導致內疚的期望

只有你自己能決定要重新設定期望，好讓自己感到喜悅而非內疚。因此，請專注於這種想法：我有權在這種情況下重新設定期望，更明智的期望會是……。

三、找出新的期望

請利用以下的指導問題，從五種期望中找出你想要重新設立什麼樣的新期望，來取代舊有的的期望呢？

1. **模糊的期望：**明確具體。什麼樣具體、可衡量的期望能反映出對你來說最重要的事？又要以什麼樣的時間軸來達成這個期望？

2. **不合時宜的期望：**依照你在此時此刻的承諾、個人成長與願景來設定合理的期望，才能符合你所處的新階段。你的期望就哪些方面來說已經不合時宜了？現在又該考量哪些以往沒有的因素？在人生的這個階段，你想要什麼樣的期望？

3. **失衡的期望：**鬆開在關係中你虧欠別人的想法，同時去擁抱相互對等的關係。失衡的態勢是以什麼方式存在？你在什麼層面上過度負責了？平衡的期望看起來是什麼樣子？

4.完美主義的期望：你什麼時候會傾向於防備、比較，或在自我批評時變得特別苛刻？你對自己的哪些期望會觸發這些反應？取而代之的，你可以設定什麼樣的新期望，來讓你覺得自己已經做得夠多了呢？

5.別人的期望：你最常因為沒有達成誰的期望而感到內疚？這些期望是否反映了你的價值觀和神聖的使命？如果沒有，那你可以降低或調整什麼期望？新的期望會是什麼？

四、傳達新的期望

如果你的新期望和別人有關，或是你會與他們建立新的界限，那就以對話來傳達你的新期望。如果新期望純屬個人，那就讓它變得顯而易見。在你會經常看到的地方放一張便條（例如：書桌、鏡子，或儀錶板上）或是在手機上設定提醒，用每天會跳出的確認來提醒你自己的新期望，直到它變成你的新常態。

第八章

翻轉內疚的情緒勒索

終止情緒勒索者鍾愛的操縱開關

- 哪些操縱開關總是引起相同反應？
- 你的假內疚傾向是否吸引了情緒勒索者？
- 被情緒勒索的九個跡象

「為什麼我不能出生在一個能負擔大學費用的家庭裡？我得背著債務畢業！」傑森對媽媽喬依這麼說。這不是第一次了。「傑森是個情緒操縱者，」喬依說。「青春期後的某個時候起，他開始對我情緒勒索，好像他就是想要我覺得自己還欠他什麼一樣。我告訴他『你已經被寵壞了，抱怨不切實際』，但一點用也沒有。」

亞曼達從來不會因為自己的孩子感到內疚，但當她聽到「內疚」這個詞的時候，立刻就想到她媽媽。「我從來沒辦法好好跟媽媽對話，甚至我們的對話永遠都是一種評價。她會打量我的家、我的育兒技巧、我的廚藝、我的先生、我的體重，所有你想得到的她都會『評價一番』！」她的聲音中帶著焦慮感。「她不會直說，而是開始問問題：『你有發現客廳的地毯都磨壞了嗎？已經四點了，該開始煮晚餐了吧？你什麼時候要叫麥奇開始拉單槓？差不多是時候了吧？』她好像覺得我所做的一切都不夠好，而且一直以來都是如此。」

亞曼達說狀況糟到任何時候當她想要休息、坐下來或看電視時，腦海中就會聽到媽媽的聲音。「我能聽到她說『你為什麼坐著？你應該去洗衣服、你應該去煮飯，你在偷懶。』只要我們待在一起，這種情況會持續不斷，問我為什麼沒有做更多事，期望我應該要為她做些什麼事。我媽媽讓我對自己的存在感到內疚。」她回憶著。「無論我做了什麼，永遠都做得不夠。」

除此之外，更糟的是，亞曼達的媽媽期望她邀請自己參加跟她朋友的社交聚會，或者讓她參與亞曼達可能想獨自跟孩子一起參加的活動。「要是我不邀請媽媽參與我做的每件事，就要付出龐大的代價。」她說。

「我沒辦法自己一個人在家招待姐妹淘，或者帶孩子去看兒童電影。即使她根本就不喜歡兒童電影，還是會抱怨；要是被她發現了，就會說：『好吧，你至少應該問我想不想去。』」亞曼達說她因為這些事件，得受到媽媽冷漠以待的處罰。「她會三天不跟我說話、生日的時候只會傳訊息而不打電話。真的很傷人。」

艾娃的內疚情緒勒索則來自她先生。「他總會說他遇過的情況比我更糟糕，言下之意幾乎是在說我的難關困境根本不算什麼。」她沮喪地說。這讓他們的婚姻處在非常不穩定的狀態。艾娃發現自己為了取悅他不斷調整自己的行為，卻永遠都不夠。他們結婚時打算要生小孩，但幾年後，他卻宣告自己其實並不想要小孩，並認為她「不夠有條理」當一位媽媽。

「你一週裡洗衣服的日子都不固定，我們每天晚上吃晚餐的時間也不一樣，而且你工作很滿，」他直截了當地告訴她。「我不知道你怎麼會認為有辦法再把『媽媽』這件事，加進你的待辦事項裡。」聽起來很荒謬，但艾娃卻開始懷疑起自己的基本組織能力。於是，她透過試著每天安排一模一樣的例行公事流程，以及閱讀如何變得更有組織條理的文章來回應他的批評。

然而，他先生對她提出了新的要求。「我需要你解釋為什麼想當媽媽。」而當她說：「我一直都想像自己有小孩。我愛小孩，我想要有個家庭。」他卻說她的答案沒有目的性，她需要更好的理由才能把小孩帶到這世上來。每當提及這個話題，艾娃最後都會覺得自己想要小孩好像是錯的事，她開始懷疑自己是不是「應該」要生小孩。

「我真的開始為想要當一位媽媽而感到內疚，」她回憶著說。「我們有好幾個月，甚至長達一年不談論這件事，因為這個話題，總會導向『我沒有做對事情，以致我不配擁有一個家庭』的內疚。」

內疚的情緒勒索

情緒勒索是一種心理操縱方式，透過讓某人感到內疚，從而讓他們去做一些本來不會做的事。情緒勒索所帶來的內疚感，會以一種有利於情緒勒索者的方式影響他人的行為和決定。其中，假內疚就是你為自己帶來的情緒勒索，而他人所帶來的情緒勒索內疚感，則更是難以克服。這種情緒勒索的主要目的是讓某人感到內疚，尤其是為了要誘導他們做某件事時所施加的心理操縱手段。

以下有幾個情緒勒索的跡象，想一想某個試圖藉由內疚影響你的人，是否符合以下的描述？又或者在你其他的人際關係中，是否有出現這九個跡象呢？

一、似乎永遠都無法達成對方的期望

這種感覺就好像你一直在做錯事、你不符合對方的標準。基本上，就是你做的任何事情都不夠好。

二、對方拿你和某種程度上，做得比你好的人來做比較

你被拿來和達成期望的人做比較，並作為你錯了且需要改變的證據。

三、沒有你，對方就做不到某件事

即使情緒勒索者對你並不滿意，他們還是會堅持「自己需要你」。他們會確保讓你知道，是因為你沒有達成他們的期望，所以才讓他們變得脆弱、讓他們陷入了糟糕的窘境。因此，要是你沒有搞清楚該如何達成他們的期望，就會陷入傷害他們的境地。對方並不想要你離開，他們只是想要讓你依照他們的指示，做到他們想要的事。

四、你會過度感謝和過度稱讚對方

別忘了，內疚代表你有所虧欠，所以當你覺得受到情緒勒索時，就會覺得自己虧欠對方一份感激，畢竟，他們得「容忍你」和「你做錯」的所有事情。由於你自覺一點價值也沒有或被對方貶低，為此就可能過於重視對方，並拿自己和他們比較、高估他們的付出。

五、對方會質疑你的愛或忠誠

如果你聽到「要是你愛我的話，就會⋯⋯」或「要是你像我一樣在乎的話，就會⋯⋯」，那你就是受到情緒勒索了。這個策略會誘使你想要證明他們說錯了，從而使你做出「任何你在乎他們或他們手邊情況」的一切事情。

六、覺得自己不能在沒有嚴重後果的情況下拒絕

你覺得有義務、你有所虧欠，所以不能拒絕。後果似乎沒有嚴重到應該要拒絕，因此你向壓力屈服，只為了維持平靜。你不快樂，但取而代之的情況，感覺更糟。

七、當事情出錯時，你永遠都是罪魁禍首

你永遠是那個需要被引導、教導和糾正的人，因為這一切都是你的錯——即便事實上這一切根本與你無關時，亦是如此。與此相對，情緒勒索者很少承認他們也有問題，他們所感受到的任何內疚都會投射到你或其他不幸的人身上。

八、他們聲稱犧牲自己，來和你維持關係

這種關係「感覺」並不平衡，實際上，確實也是如此。這就像是債務人和借貸人的關係：他們幫你一個忙或「忍受」你達不成他們的標準，所以他們是犧牲品，他們容忍著你。你應該要很感謝他們那麼擅長達成高標準和職責，成為你的朋友、同事、另一半等。

九、你努力滿足他們的期望，但他們卻根本不知道你的期望是什麼！

情緒勒索者擅長設定期望。他們很早就這樣做了，且經常這樣做，有時甚至還早於你思考「自己的期望是什麼」之前。所以他們的期望成了標準，而這些期望對他們有利。你的期望（如果有的話）也可能很少出現在彼此的對話之中。

我很喜歡美國線上俚語詞典《城市詞典》（*Urban Dictionary*）中，對於情緒勒索直截了當的定義：

這是一種操縱策略：讓某人感到內疚，這樣內疚就會激發他們以平常不會的方式思考或行動。這些思考和行動，通常和操縱者表現的受害或誇張姿態所製造出的情感虧欠有關。[1]

為什麼我們會被情緒勒索？

沒有人能強迫你被情緒勒索，你都是心甘情願地接受。那麼，為什麼我們這麼容易就被內疚牽著走呢？有以下幾個原因：

◆ **它來自你在乎的人：**情緒勒索只對和你親近的人有用。如果沒有真正的情感連結，情緒勒索就起不了作用。

◆ **你害怕關係會有不良影響：**情緒勒索者通常會在你面前擺出一種威脅，這種威脅並不一定是明目張膽的要求，有時也有可能是暗示。話雖如此，你大可放心，只要不配合自會有其不良的影響——無論是冷戰、不認同或更具體的事物，都會有令你害怕的後果。

◆ **你其實同意這個指控：**就某種程度來說，情緒勒索之所以有用是因為你相信這個指控是真的，這就是為什麼檢視自己的想法很重要，尤其，是當這些想法是由情緒勒索者所播下的種子時。

艾琳善良、漂亮、聰明、勤勞，同時充滿內疚。當被問到什麼事讓她感到內疚時，她的回答是「所有事」。

她說最大的罪魁禍首是媽媽，她一直以來都以內疚勒索著她。「我只是覺得，自己對媽媽來說不是個夠好的女兒，」她聲音帶著一絲焦慮這麼說著。「無論我為她做什麼都不夠。就像一個永遠填不滿的洞，我卻一直想要填補它，但無濟於事！」

最近艾琳帶媽媽去丹佛（Denver）拜訪表親。他們去美國洛基山脈的派克峰（Pike's Peak）遊覽，在山上度過了一天，甚至還小小慶祝了生日，因為她媽媽的生日就落在旅途期間。艾琳和其中一個表親買了蛋糕，他們帶了禮物，也唱了生日快樂歌。這趟旅途很愉快，而根據艾琳的說法，這意義重大，因為通常媽媽都會找到任何可以抱怨的事，但這次，她沒有任何抱怨。

接著他們回到家，幾天後家中有人提起要幫媽媽慶生。你猜，她媽媽怎麼回應？「是啊，我今年沒有慶生。」艾琳大吃一驚。「媽，你這話是什麼意思？我們在丹佛幫你慶生過，記得嗎？我買了蛋糕給你。我們唱了生日快樂歌，你還拆了禮物。」

「嗯，那不算數，」她告訴艾琳。「那不是你計畫的，是你表妹。」她媽媽才不管這場慶生實際上是艾琳的主意，而表妹只是幫助她完成這一切。顯然，對媽媽來說這並不夠。

內疚的情緒勒索根源於你有所虧欠的想法。用內疚勒索你的人，很擅長想辦法讓這段關係失衡，所以你會覺得自己做得不夠多，或者他們做得比他們該做的還多。他們為了讓關係往他們想要的方向發展，因此讓內疚處於關係的主導地位；他們需要的就是讓你配合接受。

情緒勒索者是操縱大師，他們通常會說一些「小事」來播下內疚的種子，希望你會透過做出他們想要的事情來回應，或透過對某件事感到糟糕而「付出代價」；也就是說，情緒勒索的目的是要影響你的行為和決定。請記住，僅只是意識到是什麼引發了你的內疚並不夠，你還必須負責內疚可能觸發的戰鬥或逃跑反應。**情緒勒索者可能不知道引起內疚時，你的腦袋裡在想什麼，但他們確實知道它作為行為影響者的力量有多麼的強大**。如果他們能影響你，讓你產生內疚感，那麼你的戰鬥或逃跑反應可能就會像有熊在追趕你那樣迅速。

但事實上，**內疚的情緒勒索並不是一種要求，而是一種你有權拒絕的邀請**。雖然可能有其威脅與後果，但你最終還是能選擇面對處理後果，而不是讓自己任意被操縱。

關於情緒勒索，有個極端的例子是猶太人大屠殺中最年輕的倖存者之一，艾達・弗蘭克爾（Edye Frankel）。艾達是我一位親近朋友的媽媽，當我在朋友家的一場家庭聚會提及自己正在寫這本書時，艾達很快就附和，並提到自己與內疚的拉扯。

她描述自己因為「不記得還是嬰幼兒時，在三個不同集中營的記憶」而感到內疚，覺得自己不記得這些事情，不知為何削弱了她身為倖存者的權利。這令我很感興趣，於是我接著詢問她是否可以訪問她與內疚相關的經歷。我們在幾個月後訪談的時候，她分享了她二十幾歲時，她的「拉比」（rabbi，即猶太教祭司）種下的期望如何造成她深層的內疚。

艾達的故事值得寫成一整本書，但礙於篇幅有限，我只會分享其中的一小部分，讓各位知道，他人的期望是如何成為我們的內疚勒索。

艾達在二十多歲時墜入愛河，並訂了婚。太年輕結婚不是問題，在她父親眼中只有一個大問題：她的未婚夫不是猶太人。「我先生是黑人，」她解釋著。「其實也不是太要緊，只要他改信猶太教，我父親就算不情願也只能接受他。」然而，她先生並沒有改信猶太教。面對父親的威脅，她得嫁給猶太人不然就斷絕父女關係，最終艾達沒有退縮。

她結婚之後，父親兌現了他的威脅。她當時二十二歲。「他為我的死亡哀悼，」她說。「他毀了我的出生證明，我們斷絕了父女關係，直到他過世之前，我們都沒有再說過話。」不配合父親的情緒勒索是個勇敢的選擇，但她也付出了天大的代價。

雖然艾達的父親試圖以威脅來掌控艾達對婚姻伴侶的選擇，可能會成為艾達深層內疚的源頭，但她卻說自己決定嫁給父親不認同的人，其實並不是揮之不去的內疚來源。「我很固執。」她說。「你必須忠於自己。無論做什麼事，我都遵循自己的原則。」

但是，直到今天，在與父親的衝突中，艾達還是因為自己和拉比的一段對話而感到內疚。「我答應拉比會把小孩養育成猶太教徒，」她反思著。「所以我才覺得內疚。內疚變得更深了。猶太人大屠殺發生在我們身上，是因為我們是猶太人。放棄這個宗教信仰就代表放棄我們忍受了這麼多的原因。」

拉比給艾達留下一個深刻的印象，那就是：對她的信仰和族人來說，她有責任把小孩養育成猶太教徒。「任何時候一旦有人離開這個宗教信仰，都會讓猶太教的人數變的更少。」她這樣被告知。

因此，她讓她的孩子就讀猶太會堂的希伯來學校。「其他孩子會取笑她們。」她說。「其他孩子會取笑我的孩子，他們很殘酷。」於是很快地，她就把她們送到公立學校，而在那裡她們的朋友大多是黑人。在猶太學校，她們因為「不夠像猶太人」而受到批評，但在公立學校，她們則是「不夠像黑人」。艾達盡力為兩個女兒指引方向，雖然她希望種族和宗教信仰無關緊要，但她們每天面對的世界還是堅持這兩者很重要。當她最大的孩子問她：「媽咪，我是什麼膚色？」她告訴她：「你是人類的膚色。」但鄰近社區的孩子們拒絕接受這個想法，最後面對這個老問題，她惱怒地說：「社會大眾說你們得是黑人，所以就是這樣。」

艾達強烈的公平正義感，源自於她身為猶太人大屠殺倖存者的身分與成長歷程中的偏見，因此，她教育自己的女兒「所有的宗教都是好的信仰」。「我會在家裡宴請各種不同宗教信仰與種族的人，簡直太棒了。」話雖如此，她的女兒們最終並沒有維持猶太信仰這件事，令她怪罪自己。「當我得知其中一個女兒將要受洗為基督徒的時候，哭了好幾天。」她這麼承認著。「對我來說，這很痛苦，需要下定決心才能克服。我讓時間帶我走過這一切，然後做了價值判斷。宗教信仰相對於我自己的孩子有多重要？」

這是個滿諷刺的問題，因為她的父親為了宗教信仰捨棄女兒。更諷刺的是，艾達反思或許自己第一段婚姻所導致的個人考驗都是自己造成的，因為內疚。「我之所以會為自己打造產生痛苦的情境，或許是因為這樣我能打造出『屬於自己的猶太人大屠殺』。」她說。也就是說，艾達認為可能是由於她不記得猶太人大屠殺的內疚，才引發她為自己創造了痛苦情境的決定。

另外，艾達因為沒有成功達成拉比的請求而深感內疚，這比我們多數人所經歷過的內疚都還要極端，但同時也具體展現出內疚的情緒勒索有多麼強大。她違背父親的意願結婚時，保持了自己對於種族與宗教信仰平等的價值觀。但期望以此信仰養育自己的孩子，根本就不是她所做的選擇，而是她無法掌控的期望。

「很難說我應該有什麼不同的做法。我並不想要強迫她們接受任何事，我不想要強迫她們做任何事。這是種公平的感受。」她說。或許她對公平的重視和拉比請求的期望並不一致，使得這兩個價值觀有所衝突，因此，內疚自然無可避免。

雖然表面上看起來這並不像內疚的情緒勒索，但她父親的要求和拉比的請求都隱含著她有所虧欠的想法：她虧欠她的族人，以及那些因為傳承她的信仰與遺產而受苦的人。不過最終，艾達讓她所堅信的價值觀「公平」和「愛」來引導她的決定。這意味著她的孩子可以不受她曾面對過的威脅與期望影響，由她們自己為自己做決定。

內疚會吸引情緒勒索者

一直在和媽媽的情緒勒索拉扯的艾琳，分享了一件有趣的事。十多年來，從高中開始，她最好的朋友就利用情緒勒索來掌控她可以和誰當朋友。「我覺得我好像很容易引來這種事。」她說。

這是很可怕的想法，但當我們背負著假內疚時，的確會吸引到那些會利用我們弱點的人。試想，如果你成功用情緒勒索得到自己想要的，那麼，當你和不會上當的人來往時，自然就會失去控制。為此，誠如其他的施虐者一樣，你會找那些願意配合你的操縱和情感虐待的人來往。以下這個不幸的案例，就是說明這一點的最佳詮釋。

克雷格說自己在十幾歲的時候是個典型的好孩子，他善良、有趣、好相處，在某些方面他也享有特權。他的家境相當富裕，從來就不用考慮錢的事，因為他「真的」從來就不需要為了錢憂愁。但他的父母經常要求他和兄弟姐妹在拜訪親戚時，要對他們的生活方式輕描淡寫一點。「他們不希望家族中任何人覺得我們擁有的比他們多。我甚至被要求不准提到自己在學校裡的成就。」他回憶著說。「我想我開始明白，也許我們的福分是別人會覺得被冒犯或會嫉妒的事。」

隨著年紀漸長，他的友誼也開始出現一種慣性模式。「我好像容易受到擁有不多的人所吸引。我不記得自己是否有意識地這樣做，但回想起來，我十幾、二十歲的時候確實是如此。」克雷格說，他有朋友曾經說過他不配擁有他所擁有的，還說，如果他是真朋友，就會給他們錢。

「這個讓我感到困擾的情緒勒索，是我認為自己比別人優越以及我不配擁有我所擁有的福分。」他解釋著。「我的確不配擁有這些福分。我的意思是，並不是『我選擇』了自己的家庭。我是運氣好才出生在我們家。我從來不認為『自己比別人優越』這一點是事實。」這個指控令克雷格非常困擾，而回顧過去，他才意識到這些想法成為他感到內疚的情緒勒索。

「我經常受到他人操縱：要買東西給別人、他們不負責任的時候要為他們解決問題。雖然聽起來很瘋狂，但我在二十幾歲的時候談過一段很長的感情，有一部分是因為我想要證明，我並沒有因為經濟條件比較好就認為自己比別人優越。在我們的關係當中，總是不斷重複著我的人生比她的輕鬆，而我應該為此感到內疚、為此付出代價。我甚至不想去想自己到底付出了多少——幫助她和她的家人、買一堆禮物，和達成其他開始失控的期望。」

後來，克雷格終於開始明白，自己是被那些「把他容易內疚的想法視為可以利用的弱點」的人所操縱。所以，他開始以不同的方式選擇自己的友誼和感情關係，並和那些傾向於操縱他人的人劃清界限。他說，當他這樣做的時候，他身邊的情緒勒索者就越來越少了。

情緒操縱者會想要惹惱你，然後從你身上得到預期中的反應，而內疚就是他們的工具。不過，一旦你讓這些開啟內疚的開關失效，這個工具就不再管用了。雖然他們會從新的角度試探是否能再次啟動這些舊有的內疚開關，但要是你無動於衷，他們很快就會放棄，轉向其他更容易被操縱的人。

自我造就的情緒勒索

有些由內疚所造成的情緒勒索並沒有那麼明顯，這樣的情緒勒索只有在當你想像某人會不高興、你會被視為自私的人，或別人值得比你擁有更多的時候，才會在腦海中上演。

克萊兒是自我造就情緒勒索的大師，但她自己完全沒有意識到這一點。她聰明、甜美又勤勞，想找人指導她該如何克服自己的一些社交焦慮，但她從來沒有把「內疚的想法」和「焦慮情緒」聯想在一起。她最深切的渴望是想要感受到關注和重視，這是她很擅長為別人做的事。與此相對，面對自己，她時常害怕被別人批評，甚至覺得自己受到忽視。

克萊兒在一次教練會談中，跟我分享了一件奇妙的事。身為一家被美國財經雜誌《財星》（*Fortune*）評選為全美五百強公司的菁英分子，她曾經因為代表公司的付出而獲得內部獎勵。這是件大事，而且是她應得的。她的父母總是在有喜事發生的時候送花給她，而在這個特別的日子、當他們打來閒聊，並告訴她他們有多麼驕傲的時候，她提出了一個請求。「這次請不要送花給我。」她說。

「為什麼？這是很了不起的成就啊！我們都是這樣慶祝你有多特別的。」她父母問。在回答之前她猶豫了一下，「我不想要讓別人感受不好，」她說，「這只會造成問題而已。」

我很震驚。克萊兒推開了自己想要的東西，也就是：讓她感受到關注和重視的舉動。這對她來說是個課題。她經常輕忽自己的成就，她說這是因為她不想要「讓別人感到不舒服」，但如今她已經離開傳統企業，轉型去領導自己的數位行銷公司了，卻經常發現自己身處需要向新人自我介紹的境地。這些人不清楚她的背景，再加上她輕忽自己的成就，造成他們對「她是誰」和「她能做到什麼事」的看法，與現實天差地遠，而這影響了她招攬新業務的能力。

「你為什麼要隱藏自己的真實身分？」我問道。「你為什麼會想要壓縮自己，好讓別人感到舒服？」

「因為當人們對你感到不舒服的時候，就會有不好的影響。」她說。

克萊兒其內疚的情緒勒索，源自於幾個過去曾經批評過她的人，而她允許他們對她施加的情緒勒索，一次又一次地在她腦海中上演。這些過往的情緒勒索繼續在新的環境和新的情況下發揮作用，而這是她的內疚陳述：慶祝自己的努力和成就是不對的，因為這可能會讓別人覺得他們自己做得還不夠多。

然而，如果你看得更深入一點，就會發現「自我保護」導致她的內疚，因為她這個內疚陳述，實際的想法應該是：「如果別人不舒服，你自己就要為此付出代價。」切記，當你將內疚層層剝開之後，有時候會發現內疚並不是最初看起來的樣子，其中，自我造就的內疚通常是為了保護自己免於承受他人的憤怒。

以克萊兒的例子來說，她決定要更進一步提出一個關鍵有力的問題。「要是別人不舒服怎麼辦？會怎麼樣？」換句話說，**與其讓恐懼來告訴她要付出代價，她反而是問了一個問題，強迫自己決定值不值得付出這個代價**。

別人的不適不是你要解決的問題，因為解決它意味著減少你的目標和工作。當解決別人的不舒服意味者要貶低自身能力和努力時，那這就不是你該解決的問題了。你不需要對此無禮，但無論別人可能會怎麼想，都必須堅定自己的立場。那些利用情緒勒索的人想要透過在你身上堆積假內疚來掌控你，你不必上當。話雖如此，有時仍得適應感到不舒服的這件事。為此，你必須檢視自己的想法，決定它們是真是假，並且以真相取代假象。這一切並不難，透過學著放手，就能讓那些心理操縱者對你為所欲為的情緒勒索開關失效。

互惠與內疚

我兒子艾力克斯從他的高爾夫球營隊裡跑過來，手裡拿著一張小紙條。他臉上帶著五歲孩童拿到速食餐券才會有的興奮笑容；沒錯，就是福來雞（Chick-fil-A，美式連鎖速食餐廳）的餐券，所以我馬上就懂了。「媽咪，我們可以用這個去買一份免費的兒童餐！」他大聲地叫著。

於是，我們在回家的路上去了福來雞。那時候才上午十一點，我的肚子並不餓，而且家裡冰箱裡還有前一天晚上烤的美味雞肉，我打算晚一點吃雞肉當午餐。我們把車停在速食餐廳門前的停車位。我們走到福來雞櫃台幫艾力克斯點餐的時候，他還是很興奮。

「嗨，」我對著站在櫃台後方、穿著剛燙過的 Polo 衫的人說：「我有兒童餐的餐券，我們要一份雞塊兒童餐搭巧克力牛奶。」我原本預計點餐會就這樣結束，畢竟，我來的目的就只是如此而已。但是，我突然覺得胃裡有個小小的疙瘩。我認為這是由一種類似以下的想法所引起的：「所以你要帶著你的免費餐券進來，只點免費餐點、使用化妝室、讓你兒子在遊樂區玩，同時清掉一些電子郵件，然後不花一毛錢就離開嗎？」

我對這個問題的回答本該很簡單：「是的沒錯，我正要這麼做。」但你知道內疚會影響你怎麼做，內疚大聲清楚地回答了這個問題：「這樣很沒禮貌。你才不會去一間餐廳，拿免費食物、使用設備，然後什麼東西都不點！」於是，我口中說出的下一句話就是：「我要一份福來雞三明治，不要酸黃瓜，一份綜合水果杯和一瓶水，麻煩了。」我並不餓，家裡還有午餐等著我。可惡，我甚至根本不渴！但我還是出於內疚點了餐。

以上這個心理現象，其實有一個名稱，稱為「互惠」。美國亞利桑那州立大學（Arizona State University）教授羅伯特・席爾迪尼（Robert Cialdini），在其著作《影響力》（*Influence*）中談及市場行銷時，稱其為「互惠的力量」。

基本上，當我們收到禮物時，即使是我們不重視的東西，我們仍會以某種方式對送禮者感到有所義務[2]；這就是為什麼你沒有要求，非營利組織也會寄送免費的地址貼條給你。把內疚當作行銷策略是很巧妙的運用，他們知道大多數的收件人都會由於不用為免費禮物付費而感到內疚。別忘了，內疚的三種真相其中之一，就是「內疚是一種罪債」，說明你有所虧欠。為此，如果在做反應之前沒有先標記情緒和暫停一下，單單一張免費餐券就足以讓你產生內疚感了。

內疚者恆愧人

我們大多數人都聽過「受傷者恆傷人」（Hurt people hurt people.）這句話，意思是，那些曾經受過傷的人會出於自己的痛苦做決定，並且在過程中傷害別人。以內疚來說，也有類似的現象；那些感到內疚，且並未克服內疚的人，經常會以「將內疚歸咎於別人的方式」來面對。請務必慎防此問題。

我遇過最可怕的例子之一，是一位同儕講述教會的一位女性，將她拉到一旁勸她不要領養小孩這件事，是如何影響了她「愛」與「母職」的旅程。

當時她四十多歲、單身，但這位女性並不是因為獨自養育一個孩子會很困難而勸退她。與此相對，這位女性利用她努力克服的傷痛作為武器來對付她。她小時候曾遭受性侵，而這位女性對她說：「如果你曾經被性侵過，就不應該有小孩。」暗指她在童年時期所遭受過的可怕創傷，應該要讓她失去當媽媽的資格。這個扭曲變形的建議是來自一個對自己的過去充滿內疚的女性；這個建議不是來自智慧、愛或真相，而是來自內疚、羞愧與痛苦。

儘管如此，她還是接納了這個內疚、惡毒的人所給予的建議，或者說期望：她就快要成功領養到小孩了，卻完全放棄了這個想法——她放棄了自己的夢想。過了幾年，她才剝開洋蔥，建立起根源於真相的新期望，並在五十歲時領養了一個孩子。

勇敢進行艱難對話，設立界限

如果你受到內疚的情緒勒索，可能就需要進行艱難的對話才能掙脫。現在，就讓我們來拆解一下要如何有效地進行艱難的對話。

若你一直處於內疚中，且身邊親近的人也習慣了，那他們就很有可能會拒絕接受你想說的話，但不要讓「這些拒絕」阻止你改變。只要你勇敢地持續對話，每隔一段時間之後，對方也會慢慢地完全坦誠，並意識到雙方的對話已經延誤很久了。也就是說，他們會承認需要做出改變，且認為你說得很合理。而這一切會發生在人們覺得情緒可靠，並且能進行不舒服對話的時候。然而，即便事情的發展並非如此，也還是要下定決心進行這段艱難的對話。放寬心胸，勇敢一點。

一般來說，「恐懼」多半來自聚焦於可能出錯的事，而非可能順利進行的事。當我們踏出自己的舒適圈，就會把艱難對話其可能導往的方向想像成是一場大災難。我們會在腦海中播放一整部電影，內容都是關於說實話、要求你需要和想要的事物，以及傷害別人的感情會帶來什麼樣的負面後果，但聚焦於「可能順利進行」的事也一樣重要。換句話說，當你需要進行艱難對話的時候，就必須運用「察覺念頭」的技巧。與其關閉想法，不如好好探索，承認它們的存在，然後擬定策略，帶著它們一起往前進。

或許是時候該進行艱難的對話了，如此一來，你才有辦法設立界限或新期望。所以，請問問自己以下這些問題：

- 我之所以害怕進行這段對話，是因為擔心會發生什麼事？
- 發生這種情況的話，我會如何處理？
- 進行這段對話對我來說，有什麼好處？
- 我希望這段對話有什麼樣的結果？
- 具體來說，我應該說些什麼？

◆ 我最害怕說什麼？為什麼？
◆ 如果我從描述自己的恐懼和焦慮開始，然後解釋雖然帶有恐懼和焦慮但因為這很重要，所以我還是要進行這段對話呢？

藉由誠實展露你的焦慮，就能向對方傳達這段對話的重要性。你傳達了你的擔憂，你傳達了你在乎他們，而且不想要破壞這段關係，但同時也覺得必須要說實話，並實踐上帝引導你所做的事。

如何改寫一再上演的情緒勒索場景？

在本章的最後，我列出了七個步驟，將引導你走出內疚的情緒勒索，踏上真相與自由的道路。每一個步驟我都提供了能讓你在與情緒勒索者對話時，所能使用或微調的確切用語。

STEP 1 讓內疚羈絆的開關失效

內疚的情緒勒索之所以會有用，是因為人們學會了要如何讓你對內疚觸發因素做出反應。他們會啟動觸發因素，如此，你就會立即做出他們想要的事。但這樣的行為是「反應」而不是「回應」。所謂的「回應」是你有暫停下來，有意識地選擇你將要或不要採取的行動。因此，讓開關失效的第一種方法，就是**不要做你通常會做的事**。例如，假設你通常會服從，請別這麼做；假設你通常會開始為你其實沒有做錯的事一再道歉，請停下來；如果你會打開錢包，開始發放現金，就請把錢包關好。

改寫劇本

什麼都別說，不要馬上做出反應。

或者說：「我做不到。」

或者：「我會考慮一下再告訴你。」

然後別的話也都不要說。不用解釋，一旦你開始想要解釋，尤其是在你還在學習這個新的回應方式時，就很有可能會不小心又回到內疚的情緒勒索中！

STEP 2

標記內疚

請記住，「說出」情緒有助於你清楚地注意到它在你心中如何浮現，這有助於讓你暫停下來。內疚的情緒勒索會觸發戰鬥或逃跑反應，而標記內疚會讓這個過程慢下來。標記戰純表示你在心裡記下內疚已經出現，而且它可能會想要占據主導地位。

改寫劇本

對自己說：「我覺得很內疚。這是怎麼回事？」

如果你不確定這是「真內疚」或「假內疚」，就用剝洋蔥法找出真正答案。

STEP 3

揭穿內疚

內疚會在黑暗中茁壯，而情緒勒索者指望你會默默服從，因為他們知道你不喜歡衝突，於是便利用這種恐懼來掌控情況。請記住，內疚總是偷偷摸摸的，所以揭穿它吧！無論是自己造就的或來自別人的內疚勒索，這都很有用。對自己誠實，才能對別人誠實。

改寫劇本

對情緒勒索者這樣說：「我不喜歡出於內疚行事，因為這讓我感到很厭惡。我喜歡做的是自然而然被引導去做的事，而且我也知道那才是我應該要做的事。」

STEP 4

要求情緒勒索者提出請求

那些利用內疚來情緒勒索你的人，通常也對於進行誠實的對話和衝突感到不舒服，所以他們才不直接。這種被動攻擊的方法，讓他們得以在舒服自在的情況下得到想要的東西。讓你感到不舒服就是他們的舒適圈，所以你可以決定要不要把這段對話和關係置於常規之外。

改寫劇本

告訴你的情緒勒索者：「我知道你想從我身上得到特定的東西，但我要請你提出不會引起我內疚的請求。」

STEP 5

請情緒勒索者尊重你的決定

承認你理解情緒勒索者想要的事物，對他們來說很重要，但你必須做出對你來說明智且合理的決定。因此，請他們尊重你的決定。這代表一旦你做出決定，他們就該放手、接受，並擬定其他尊重你選擇的替代計畫，而不是說閒話、說你壞話或在背地裡要其他人影響你改變主意。

改寫劇本

告訴你的情緒勒索者：「我瞭解你認為我應該做別的事，但這個決定對我來說才合理。我要請你尊重我有權自己做決定。」

STEP 6

肯定這個人在你人生中的價值

正如我說過的，會對你施以情緒勒索的對象，往往是和你最親近的人，而且他們的意見和青睞對你來說又很重要的時候，效果最好。所以就這樣告訴他們吧！

改寫劇本

讓你的情緒勒索者知道：「我在乎你怎麼想。」「我不喜歡和你起衝突。」「我不喜歡讓你失望。」「我想要達成你的期望，但我做不到。」

STEP 7

預期這樣的討論會不斷重複，直到習慣改變為止

我知道你希望內疚的情緒勒索能趕快停止，最好「今天」就停下來。不過，由於你無法掌控別人的行為，所以要知道他們可能要花點時間，才能跟上你的新思維模式和界限。因此，無論如何你都要堅定。如果有需要，請進行多次對話，持續揭穿情緒勒索，讓它顯現出來，或者，要求他們直接一點。

如果對方不願意停下來，就實行「後果」。例如，後果可能小至在他們不尊重你的請求時走出去，或大至他們拒絕停止的時候，結束這段友誼。所以，請提前考量後果會是什

麼，然後準備好履行它們。你可以用直接但和善的語氣傳達會有什麼後果。雖然過程當中可能會有點不太舒服，但以清楚的方式設立界限，也能夠釋放情緒。這種關係的動態可能會隨著時間過去而發展。如果難以改變，就需要持續這種新的溝通方式，直到它變得根深蒂固為止。

改寫劇本

對你的情緒勒索者說：「正如我們之前談過的……（描述之前的要求是什麼）。你停下來很重要，因為這些情緒勒索正在透過製造怨恨的方式，來破壞我們的關係，我並不想對你有這種感覺。」

《哥林多前書》（*First Corinthians*）第十三章第五節說「愛，不計較人的過犯」。無論情緒勒索者是否展現出愛，你都能選擇該如何回應和表現。請記住，情緒勒索的重點就是操控，為此，如果他們能讓你以感到內疚的方式做出反應，那他們就會以此來對付你。再說一次，別上當。另外，勃然大怒或羞辱別人都可能破壞你為設立界限所做的努力，尤其是對和你親近的人這樣做的時候。

所以，放寬心胸，誠實以對，但要和善；直截了當，但要溫和；更重要的需要愛與耐心，一切都只是過程，就當作是一種練習。

內疚清理練習

面對最常以內疚操控你的情緒勒索者，你做好回應他們的準備了嗎？運用本章的改寫劇本，寫下你預期他們會說什麼話來讓你感到內疚，然後擬定你的回應，並練習大聲「說出來」。

第九章

重拾你的喜悅

擁抱零內疚生活的八大習慣

- 「喜悅」對你來說會是什麼樣子？
- 當你免於內疚時，會有哪些跡象？
- 如何運用快樂觸發因素來增加你的喜悅？

當你不再需要專注於「放手」，因為你打從一開始就沒有牢牢緊握內疚時，便是「放下內疚之旅」的一個重要里程碑，同時，這也是你解開內疚束縛的跡象。儘管內疚可能還是會出現在你腦海中，但已經沒有敞開的大門可以讓它趁虛而入。

抵達這個里程碑，表示在這趟旅程之中，你的精力是集中在「你想要」而非「不想要」的事物上。然而，遠大的目標絕不會僅只是少了某樣東西而已，而必須是為了某樣東西的存在所做的宣言；換言之，僅只放下內疚還不夠。當然，放手一定會比沉浸其中感覺來得好，但總有一天你會明白「放手」並不是你最深切的渴望。你的心靈渴望更多東西：喜悅、平靜還有愛。

就我個人而言，我的心靈想要能自由地做出代表自己真實價值觀與渴望的決定。我想要可以自由地走向我所相信的上帝為我準備好的人生。對我來說，這代表更在乎上帝對我的期望，而不是別人的期望，因為一部分的「別人」只存在於我的腦海中。這代表我可能會讓某些人失望，我可能必須要放下對自己和別人不切實際的期望。這段過程在我看來，是哀悼失去了對人生應該得是什麼樣子的幻想，並接受現在可能是什麼的真實模樣。

接納能開闢通往喜悅之路

透過寫日記，記錄下自己每天經歷過的一天如何，就能掌握自己是否已放下內疚、重拾喜悅的確實進展。

在過往經常會感到內疚的時候，現在，我反而有什麼感受呢？我清晨五點前就起床，寫作的進度離目標還相當遠，感覺就好像對自己缺乏生產力的這件事「辭職」了一樣；這是接納，而不是內疚。我不會放棄，所以感到內疚又有什麼意義呢？如果這一切只是過程的一部分，那麼與其因此感到震驚，倒不如接受，繼續往終點線邁進。而這麼做又會如何呢？不浪費精力，也不因為沒有完成得更多而怪罪自己。只要在自己荒謬、緩慢、考慮過多的過程中，單純接納自己的不完美就好，但這個過程要重複很多次，才能獲得令人滿意的成功。

所謂的「接納」是要你看見真相，並且有勇氣採取行動的能力；是要看見你的內疚是虛假的，並且不再基於假內疚做決定；是要看見你什麼時候錯了，並且走過為此認罪、道歉與贖罪的過程；是要為內疚的情緒勒索貼上標籤，並且拒絕配合它。不過，以上這一切的「接納」需要練習，只要越頻繁地練習，就越能在為人生從未有過的喜悅之處開闢道路時，感到更加自由。每當你覺得自己抗拒接受時，就請對自己說：我看見了真相，而我選擇以愛與勇氣回應。

接納的相反詞就是抗拒。為了釋放內疚，必須注意自己在抗拒什麼。抗拒代表我們阻擋喜悅、平靜、愛與真相，以上這些狀況，通常會以恐懼的姿態出現。那麼「抗拒」時，我們會有什麼行為表現呢？我們會透過逃避誠實的艱難對話、假裝事實並非真相，並壓抑自己的價值觀與需求，以達成別人的期望來抗拒現實。當我們無論好壞都能接受的時候，就能做到放下內疚必須做的事，就能誠實地看待自我破壞的想法，並且以真相取代它們，如此一來，我們就能為情感真誠平靜的人生騰出空間，騰出充滿喜悅的空間。

接納是從內疚通往自由的橋樑。在橋樑的另一端，你能自由地擁有更真實的關係、原諒自己的錯誤與遺憾悔恨、接受上帝對你的寬恕與愛，並擁抱你人生的獨特目的，而這一切，可能會讓你看起來和身邊的人有所不同。

其中，最必須接納的重要概念之一，就是接受自身的獨特性。你的存在並非偶然。上帝創造你是有用意的，且是有獨特、神聖的使命要給你。

在你的人生中，有些時候必須調整、瞭解自己使命，並確保為你的使命做好準備階段。這往往意味著你的人生看起來會和身邊的人並不相同，所以你需要達成的期望，自然也可能和其他人完全不一樣。

接受它、擁抱它，如此一來，能讓你對自己的決定和選擇抱持喜悅與信心，同時讓你擺脫對根本不該達成的期望所感受到的內疚。為此，請記住以下兩個真相：

- **除非你接受並擁抱上帝為你創造的獨特人生，否則就會因為沒有活出別人期望你過的人生，而感到內疚。**
- 如果你不是真心相信上帝創造你是有用意的（切記，這個用意可能看起來跟你身邊的人不同），那麼你就無法接受並擁抱上帝為你創造的獨特人生。

重拾喜悅的八個習慣

正如內疚已然是一種習慣，喜悅也可以成為一種習慣，但前提是，你要願意經常練習並做出有意識的選擇。我找出了八種強而有力的習慣養成方式，能幫助各位重拾喜悅，一起來試試看吧！

一、請注意，你的喜悅消失了

有一次，要前往一場演講活動時在登機口前，一名年輕女子拿著我的駕照向我跑來。一開始我很困惑，納悶著她是誰，又為什麼會拿著我這麼重要的證件。接著她快速地解釋，她是在航廈的地上找到的，接著她跑了好幾個登機口，尋找與我照片相符的乘客。要是她沒有找到我的話，那真的會很頭痛，因為隔天我馬上就要飛回家了，屆時若沒有身分證明就無法通過安檢。不過由於這趟旅行我已經通過安檢，等到隔天才會需要用到駕照，所以當下我根本不可能會發現它不見了。

我想表達的是：**你不會去找根本沒注意到它不見了的東西**。內疚會讓你陷入迷霧之中，在你反覆思索自己做錯了什麼事的時候，會感到焦慮與不快樂，以至於你從不會想到自己被奪走了什麼。你會開始相信目標是要擺脫內疚感，但我相信上帝對你的期望遠不僅如此。祂的計畫是豐富的人生，平靜、喜悅與自由的人生。祂能夠讓你的靈魂恢復到原本的喜悅狀態。你可以認真看待讓靈魂得到恢復，收回埋藏住的喜悅，並且抓住它。為此，第一步就是要注意到當內疚出現的時候，你的喜悅就不見了。

即使你不記得上一次感到平靜與喜悅是什麼時候，但喜悅確實就在那裡，那是你的自然狀態。看看這世界上，在內疚、壓力或痛苦成為小孩的現實生活中的一部分之前，他們都是無憂無慮的模樣，而喜悅就在那裡。你想要它回來嗎？回答「要」就是重拾喜悅的第一步。

二、接受過去

你的過去可能有一些你不希望存在的事件，或者是你希望可以回到過去重新開始的對話，這樣你就可以用不同的方式表達。你可能希望會有「沒做」或「做了」的選擇，但你沒辦法，過去就是過去了，事情發生了就是發生了，它不會改變，再怎麼希望都不會改變這個事實。不過，擁有最多喜悅的人知道這一點，並且接受了它。

接受就是和解，話雖如此，接受也可能與你對自己，和你在這世上想要成為什麼樣的人的看法有所衝突，你懂的，它可能與我們希望的人生有所衝突。理想中的自己在遭遇情況時該是什麼樣子呢？如果過去的事件不符合這個理想，我們就會透過抗拒這個真相來面對。我們會選擇忽視，並拒絕接受現實與理想之間的落差。有時候，接納代表不帶歉意地掌握自己的價值觀。然而，當你還未與對你來說真正重要的事情和解時，就很難以接受過去。

理想與現實的落差，曾深深糾纏著我。有一部分的我認為，全職媽媽才是理想，我想像著我媽媽待在家陪我的場景。她經常提起在我長大的過程中，她陪著還是嬰兒的我的時光有多麼的快樂，感覺就好像她擁有一個完美的布娃娃，只不過我是真的。她經常提起在我還很小的時候，她是如何教我讀書寫字。她從來不認為待在家是什麼應該追求的理想，但我卻這樣把它內化，甚至理想化了。事實上，我出生的時候她才二十歲，她根本還沒展開職業生涯或甚至是讀大學。我三歲時，她去兼職工作，我去了托兒所；到了我七歲時，她已經有全職的職業生涯；我十三歲的時候，她大學畢業。而小我很多歲的弟弟出生的時候，待在家已經不是個選擇了。

當我決定要重拾喜悅時，我不得不看著我媽媽的內疚，注意到它如何奪走了我的喜悅，並且決定要把它拿回來。這需要層層剝開內疚的想法，才能知道它們從何而來，並且明確決定我的生活方式是否與我的價值觀不一致。我發現這種比較破壞了我接受自己的過去，以及目前情況的能力。把我四十歲的人生和我媽媽二十歲的人生拿來做比較，讓我感到內疚，同時這削弱了我自己旅程的獨特性。我必須做出選擇，才能掌握自己的人生和選擇。如果做不到，那我就需要釐清自己的價值觀，並做出一些改變。

在我祈求答案的時候，我的靈魂中浮現了一個真相：我的人生本該如此，也是我「想要」它成為的樣子。二十歲的時候，我並不想結婚、養小孩，但四十歲的時候，我就想這麼做。我的人生跟我媽媽的不一樣，但我的人生一樣也很好。唯一缺少的是我對它的接納。接納讓我鬆了一口氣，有了信心、平靜，更重要的是喜悅。

接納需要臣服，臣服於上帝對你人生的計畫，以及這個計畫所包含的一切。這包括我們需要學習的課題，和讓我們學到這些教訓的人。

我在本書中所分享的故事主角們，她們願意接受指導、使用我所分享的工具，最後都說接納是她們最終找回平靜與喜悅的方式。莫妮卡對於自己沒辦法給十八歲時生的女兒和小女兒一樣的生活而感到內疚，最終接受了這個比較的真實情況。「你知道，考量到當時的情況，我在那麼年輕的時候，堅定要盡力給予女兒最好的生活，是很了不起的事，」她在教練會談後這樣反思著。「對，那不是我理想中希望能夠為她做的事，但絕對是當時我所擁有的資源與情況下，所能做到最好的樣子。」

三、擁抱謙遜

要求那些想要放下內疚並擁抱喜悅的人，需要利用謙遜來做到這一點，似乎有悖常理。畢竟，內疚表示你關心別人，而不是自負到覺得自己沒有必要道歉，對吧？這個嘛，對，也不對。內疚需要同理心，而且是以他人為中心，但擁抱喜悅需要寬恕自己。在我們能夠談論你寬恕自己之前，必須先談論「看見我們自己不完美」的這件事有多困難。畢竟，你多半是因為不夠完美、無法達成自己的高期望，進而對自己生氣、怪罪自己。為此首先，需要對自己的能力有一定的信心，才能相信自己能達到那些期望，並在不怪罪自己的情況下接受自己的不足，亦即代表接受自己的人性。

我在二十歲出頭時，曾自願擔任教會中決策諮商中心（Decision Counseling Ministry）的事工。我們學習到〈羅馬路〉（*Romans Road*）這一系列的經文，幫助人們理解耶穌存在的目的以及追隨祂的道路。其中有一段關鍵經文，雖簡單但深切又能夠釋放情緒：「因為人人都犯了罪，虧缺了神的榮耀。」（《羅馬書》第三章第二十三節）就是這樣：沒有人是完美的，我們越快接受自己的不足，就越容易接受自己過去的不完美。

我為本書進行訪談時，問過我媽媽是否願意分享她對內疚的看法和經歷。她告訴我她不曾感到內疚。我很困惑，我以為她有。我成年後曾有幾次，尤其是在我弟弟長大的過程中，她會寫信向我道歉，因為她在我十幾歲的時候沒有經常陪伴我。

我父母在我十三歲的時候分居了，我有兩年的時間跟爸爸一起住在科羅拉多州，而我媽媽則住在約一百哩外的懷俄明州（Wyoming）。然後當她搬回來的時候，我雖然和她一起住，但由於她兼職做兩份工作，這表示她會錯過積極參與我人生中某些事的機會。另外，雖然我們一點也不窮，但手頭還是很緊。不過二十年後的情況不同了，隨著我弟弟在十幾歲時經歷的幾個里程碑，她開始意識到自己都陪著他，卻錯過了許多陪伴我的時刻與機會。

在幾年前的第二次或第三次道歉之後，我向她保證我已經全然接受了她的道歉。我沒有在比較，我已經接受了十幾歲時家裡的情況與困境。我真心相信當時的她已經盡力為我做到最好，努力工作想要維持他們分居前我們所擁有的生活方式。如果能夠重來，她會做出不同的選擇。二十年的經歷所帶來的，是以更有智慧的方式來判斷，什麼才是人生中真正重要的事；我為自己的孩子做出選擇時，也沒有失去這樣的智慧。

然而，我一直以為她在怪罪自己，直到我要求和她談談她的內疚，她才回答說「她並不內疚」。一開始我以為她也許是在開玩笑，直到她解釋了原因。「我接受自己在人生中做的所有選擇，以及最後的結果。」她確信地說。「當然，如果有些事可以用不同的方式處理，我一定會，但上帝給了我平靜。我已經接受了這樣的人生，全部都是。我已經原諒了自己感到遺憾的事。我現在很快樂。」多麼強大且平靜的落腳之地。

四、寬恕自己

寬恕就是「釋放罪債」，這表示你不再有所虧欠，不用尋求報復或進一步的懲罰。這適用於寬恕別人，也適用於寬恕自己。釋放導致你怪罪自己的罪債與憤怒吧！注意你懲罰自己以及阻擋好事的方式，並且停下來。

謙遜是通往自我寬恕的道路。想要寬恕自己，需要接納自己的不完美——無論是自己所察覺到或虛假的不完美。而這需要謙遜地接受自己是個不完美的人，不會永遠都「做對事情」或「達成期望」。若想要重拾喜悅，寬恕就是你不能略過的一步。

另外，寬恕也是釋放悲痛與怨恨，不再需要報復與永無止境的憤怒。當應用在寬恕別人的時候，似乎更容易理解這樣的概念。

當提到寬恕別人時，我們經常面臨以下三個常見的寬恕迷思：

- 寬恕代表對方做的事沒關係。
- 寬恕代表關係必須保持原貌。
- 寬恕代表放棄你因為這個情況感到受傷，或者你對另一個人表達負面情緒的權利。

現在思考一下，當我們把這些迷思應用在自己身上時，它們看起來是什麼樣子。請記住，內疚是自我憤怒的一種形式，憤怒是一種告訴我們界限被跨越的情緒。以自我憤怒的例子來說，由於你沒有讓自己的行為和代表你價值觀的界限保持一致，就已經跨越了自己的界限。如果你為了某件導致真內疚的事而寬恕自己，那也不代表你做的事沒關係，而是代表你選擇吸取教訓、付出代價，並且改變自己的行為。

寬恕自己也是一個機會，能讓你成為更好的自己。另外，寬恕之後，關係也不該保持不變。無論是鼓起勇氣和情緒勒索者進行艱難的對話，或是決定相信自己的直覺與傾聽上帝的能力，寬恕自己都代表讓自己成長，而不是保持原貌。把你的內疚困境當作一個能進化和進階到下一個階段的機會、誠實面對自己自我破壞的習慣，並且放下它們。最後，當你寬恕自己之後，就會選擇自我關懷。你不再怪罪自己，而是決定要溫柔對待自己，當然，你會承認這有多困難。記得，寬恕自己時的自我對話方式，就會像你對某個你在乎的人，其正在努力寬恕自己時一樣。

至於無法寬恕那些傷害你的人，就代表抓住了你對他們和這個情況的負面情緒，同理，無法寬恕自己也代表你抓住了對自己的負面情緒不放。你有認識快樂的人永遠都在生氣的嗎？如果你想要重拾喜悅，就寬恕自己吧！

五、說出你的課題

想一想最困擾你的內疚困境；隨著你閱讀這本書，它可能是你已經克服或自覺正在克服的內疚困境。因此，現在問問自己：「在這種情況下，對我來說最重要的訊息是什麼？」當你能準確地用話語表達出你的挑戰教會了你什麼的時候，你就鞏固了自己真正掌握、全新或擴展的價值觀，而**知道「為什麼」和「自己相信什麼」，能為你帶來平靜**。

我們能學到某些教訓是因為別人告訴我們，但往往我們最能夠接納的課題，是那些透過自身經歷所學習到的一切。就放下內疚來說，誠如前述，我自己有兩大課題需要面對，而我覺得它們值得被再次提起。

身為女性，我們可能會感受到很多來自文化的壓力，得順從可能不屬於我們自己的規範，但請記住：

- 除非你接受並擁抱上帝為你創造的獨特人生，否則就會由於沒有活出別人期望你過的人生，而感到內疚。
- 如果你不是真心相信上帝創造你是有用意的（這個用意可能看起來跟你身邊的人不同），那麼你就無法接受並擁抱上帝為你創造的獨特人生。

不要只是隨意思考你接收到的訊息和課題，把它們清楚地說出來，甚至印出來，把它們放在你面前。它會為你帶來自由，而喜悅則會隨著自由而來。

六、花時間與讓你感覺良好，而不是讓你感到內疚的人相處

與其他人相比，要和某些情緒勒索者與心理操縱者劃清界限，並沒有這麼容易。你可能不會想要跟父母或孩子斷絕往來，但在你的生活中一定有某些關係不是那麼重要。所以，要是對方拒絕尊重你的界限，而導致我們先前介紹的「設立界限的對話」起不了作用，那就離開這段關係，繼續往前進吧！然後開始有意識地尋找那些不喜歡情緒勒索，會和你一起慶祝、真誠的人培養健康的友誼。這些人應該和你有一樣的價值觀，才不會發現自己又試著要達成與自身不一致的期望與價值觀。

聽起來很簡單？沒錯，讓自己身邊圍繞著能讓你對自己感覺良好、讓你開懷大笑以及你尊重的人，這些就是快樂與喜悅的關鍵。

我曾聽安迪．史坦利牧師（Pastor Andy Stanley）說過，多數情況下，我們的快樂程度跟我們的人際關係一樣。這是真的，如果你是認真要重拾喜悅、放下內疚，那就注意自己花時間和誰相處。研究顯示，在你的生活圈中有一個總是快樂的人，會讓你快樂的機率增加一

成[1]。快樂是會感染的，而你最親密的友誼和關係都傳遞了什麼給你？如果答案是內疚、懷疑或不安全感，那就是時候該做些改變了。選擇權在你自己身上。

七、做不會讓你感到內疚又快樂的事

讓自己待在不會令你感到內疚且充滿快樂的人身邊是一步。除此之外，非常重要的另外一步，則是做讓自己感到快樂又不會內疚的事。什麼事能為你帶來喜悅？什麼事能讓你微笑？什麼活動能和你的價值觀完全一致，以致在進行這些活動時感到心滿意足？我觀察到我們許多人都「抽象地」談論自己的夢想和想做的事，導致無限期地延遲這些事。現在，就花時間找出一些你喜歡但已經一陣子沒做的事。或許是當義工，或許是你夢寐以求的週末假期，或許是你一直認為自己跑得完的五公里，或甚至是在家就能簡單做到的事。無論是什麼，就去做吧！不管是什麼，開始去做會讓自己感覺良好且和自己價值觀相符的事。

接下來，檢視你正在做的事情中，有哪些是與你的價值觀不相符的，也就是那些讓你感到內疚的事，例如，你隱藏的關係、你還沒給予或接受的道歉、你想要安靜地祈禱或讀《聖經》卻從來沒有真的做到。如果現在請你列出自己可以投入的時間，然後就去做呢？

一般來說，多半都是那些讓我們感到困擾的事情引起我們的內疚感。所以下定決心，別再拖延和猶豫了，去做吧！即使很難、即使你並不想、即使你為此感到焦慮，也都下定決心去做吧！請記住，**內疚是一種機會，有助你成長和克服不自在的感覺**。

八、研究快樂觸發因素

最後，我的研究帶我找出十三個快樂觸發因素，在我的著作《快樂女人，美好生活：十三種每天觸發快樂的方法》（*Happy Women Live Better: 13 Ways to Trigger Your Happiness Every Day*，直譯）中有詳細地討論。多數人出於習慣，會一遍又一遍地使用同樣的快樂觸發因素。話雖如此，瞭解全部十三種方法能幫助你準確地做到會為自己帶來喜悅的事，而且通常幾乎是即刻見效。

以下我將會告訴各位如何使用這些方法，並提供自我宣告，以確認你承諾會將它融入在日常生活中。

1.期待：每天、每週和人生中的每個階段，都有值得期待的事物。如果沒有什麼好期待的，那就自行創造一些值得期待的事吧！做計畫！可能是很簡單的事，像是記得你在期待今晚自己最喜歡的節目，你準備要在沙發上縮成一團、蓋著毯子、拿著爆米花。或者是複雜一點的事，像是規劃兩年後的夢幻假期。研究顯示，你從計畫和期待當中所得到的收穫，和你從經驗當中所得到的一樣多[2]。

自我宣告——每天我都要確保有事情可以期待。

2.感激：感激你所擁有的事物。感激會產生正面情緒，釋放大腦中感覺良好的化學物質。你可以單純藉由反思自己「為何」要感激，來增加感激的效果。所以固定花點時間想想你感激什麼，甚至把它們寫下來，然後反思這件事為什麼對你來說很重要。

自我宣告——我要更常聚焦於自己所擁有，而非沒有的事物。

3. 連結：所謂的連結，簡單來說，就是愛，就是那些你和另一個人心心相印的時刻。

> **自我宣告**——我和別人說話時，要全神貫注；我要暫停下來、我要仔細聆聽、我要有所連結。

4. 服務：所謂的「服務」是一種將他人置於自己之上的態度，從而引導你對世界產生正面的影響力。人生的核心目的就是服務，而服務是我們能在任何一天對別人產生正面影響的方式。把注意力從自己身上移開，會讓我們以客觀的方式看待自己的人生，從而使我們感到更快樂。

> **自我宣告**——每天我都要做一件能照亮別人一天的事。

5. 目的：你的目的，是你運用自身天賦、才能與經驗，來服務和影響他人的獨特方式。這回答了一個簡單的問題：有多少人的人生因為偶然和你相遇而變得更好了？人生不僅僅只是尋找幸福而已。上帝創造你是有用意的，而且有神聖的使命要讓你完成。你的工作就是要瞭解這個目的為何，並實現它。請記住這一點：雖然你的目的對你來說很獨特，卻與自身無關；你的目的是要以某種方式服務他人。

自我宣告——上帝創造我是有用意的，我不能沒有實現我被創造的目的。

6. 運動：只需要二十分鐘的有氧運動就能讓你心情愉快長達二十四小時[3]，這是提升幸福感最快的方法之一。散散步、在書桌前做開合跳、到外面和狗狗或小孩玩。總之，動起來！

自我宣告——運動的時候，身心感覺都會很好。

7. 玩樂：只是為了好玩，而做某些會提升你幸福感的事。雖然人生中有很多追求是你需要超越的，但也要有某些事純粹是為了快樂。真正的玩樂需要你完全沉浸在當下，使你能徹底放鬆，並擺脫多工作業的模式。

自我宣告——我允許自己玩樂，而且要玩得很開心。

8. 迷人的話語：你所說的每一句話，都能觸發快樂或負面的情緒。所以，有意識地正向發言、拋下會讓你感到內疚的話語，並提醒自己你有所選擇。

自我宣告——每天我都要說跟希望、平靜與愛有關的話語。

9. 財務技能：你如何運用錢財的方式，左右著你是否能感到更快樂。量入為出、給予，以及購買經驗而不是購買物質（比如：和朋友共進晚餐相對於購買一雙新鞋）顯然都更能增加喜悅[4]。

自我宣告——我的目標是要以低於收入七十五％的錢過生活。

10. 微笑：我們認為自己之所以會笑，是因為我們很快樂；沒錯，這千真萬確。與此相對，即便我們並不是特別快樂，但只要微笑，也會讓我們「覺得」更快樂。微笑時，收縮的肌肉會觸發大腦釋放血清素（serotonin）和腦內啡（endorphins）。所以要有意識地對別人微笑，甚至是沒來由地笑[5]。

> **自我宣告**——每天我都要找到一種方式微笑，特別是在糟糕的日子裡。

11. 放鬆：花點時間什麼都不做、休息和充足的睡眠，都會增加你的喜悅和快樂。所以不要只重視要把事情做好，也要重視自己的休息時間。

> **自我宣告**——我要睡覺，我要休息，我要接受現況。

12. 心流：所謂的「心流」是你全神貫注於某個活動的能力，以至於完全受其吸引，感覺就像時光飛逝一樣。就是在這時候，你的能力和你面前的挑戰相符，而你就身處其中。經常這樣做吧！這會為你帶來喜悅。

自我宣告——我要盡量減少干擾，這樣才能沉浸於手邊的任務。

13. 細細品味：細細品味是充分運用你的五感，注意與感受當下的一切。這要從「慢下來」開始，放下對過去和未來的想法，欣賞當下在你眼前的事物就好。

自我宣告——每天我都要停下來，細細品味當下。

內疚清理練習

免於內疚又快樂的自己

想像一下，沒有感到內疚的時候，你的人生看起來、感覺起來會是什麼樣子？當你把文字寫在紙上，會發生很強大的事，尤其當這和你對自己的願景有關的時候。我們一起走過了這麼多文字和內容，隨著我們的旅程即將結束，我要邀請你帶著清楚瞭解以「真喜悅」取代「假內疚」的面貌與感受，繼續向前走。

同樣的研究顯示，以書寫來面對挑戰相當強而有力，同時也告訴我們，想像一個「未來最好的自己」的情境一樣強大[6]。所以現在花十五分鐘的時間，想像自己不再感到內疚的模樣吧！我要邀請你詳細地寫下來。用現在式的方式寫下，並畫一幅生動的圖，看見自己和善地設立界限、大膽地重新設定期望，並自由地擁抱忠於自己人生目的與神聖使命的喜悅。現在花點時間生動地描述免於內疚的自己吧！

結語

永遠放下內疚的祕訣

那是一個週二下午，約五點半左右，當我團隊的最後一位成員，離開了距離我家三哩遠的辦公室的時候。我坐在我為自己事業所打造、明亮且激勵人心的小空間內，望向窗外。我努力工作了許多年，才達到可以稱此空間為「我的專業工作室」的地步，而我之所以特地選擇了這個地點，是因為我能想像自己在這裡寫作的模樣，落地窗讓我能欣賞亞特蘭大都會區寧靜如畫的自然美景——我的意思是很多很多樹木的景色。

當我坐著思考接下來兩個小時的寫作計畫時，突然一家四口的棕鹿與一隻雄鹿出現在我們這棟大樓與隔壁棟大樓之間的茂密灌木叢中，牠們優雅地大步走進辦公室窗前這片生長著高大松樹的開闊區域。其中有兩隻看見了遠處的我之後僵住了，打量著我是否有所威脅。接著，牠們冒險前往在這片郊區樹林裡高爾夫球車道另一邊的池塘。

我深吸了一口氣，思考著我還剩下多少工作。我通常不會待到那麼晚，但這天晚上，我需要多寫一點，才能夠跟上重要專案（也就是這本書）的進度。

在這般風景優美的環境下，辦公室的寧靜激發了我的靈感。我還記得許多日子裡，在我最需要專注的時候，這樣的靈感不幸地背負著內疚，讓我的心裡感到沉重。但這天晚上，我覺得很放鬆，覺得很專注，覺得能夠隨心所欲地寫作。

「這是什麼感覺？」我在休息的時候思考著。就是在這時候，我明白了。這種感覺是喜悅，是我過去需要加班時，不常感受到的喜悅。我已經為這天晚上做好了準備，向我先生解釋了我的截稿期限，並且請他處理平日晚上三個學齡兒童的忙亂行程，例如：放學接送、課後活動、晚餐、家庭作業和就寢時間。與此同時，我待在辦公室完成需要完成的事。

過去，這對我來說一直是個內疚觸發因素，而在這一刻，我意識到這個觸發因素失去了力量。「你應該要每天晚上都待在家，否則你就不是個好媽媽或好太太」已經被取代成「有時候你會需要改變自己的行程安排，才能適應你工作的真實情況。你很有福氣，有一個百分百支持你的伴侶。你對你的孩子來說，是目標與堅持的榜樣」。這不只是一再重複的口頭禪，而是我確確實實過著這樣的生活，真實感受著，這種感覺非常棒。

「沒有內疚。」一毫無疑問，我活在我全然掌握的選擇之中，活在平靜與喜悅當中，因為它們所反映出的是我所珍視的價值觀。

我希望你的旅程也改變了你的觀點，幫助你分辨真假內疚，然後放手，如此一來才能重拾生活中可能存在的喜悅。

最後，我要邀請你依照自己的需要，經常回來檢視本書的概念，因為：放下內疚並不是一次性的行動步驟。放下內疚，是隨著時間過去，慢慢建立起復原力的過程，你要隨時注意自己的想法，並且在任性想法控制住你之前，先掌控住它們；放下內疚，是你必須一次又一次練習的事，就像鍛鍊肌肉一樣，越常鍛鍊，時間一久它就越強壯。

別忘了，你每天仍然會受到考驗，例如：舊有想法和期望悄悄地潛入、親近的人們用情緒勒索你，以及達不成自己的期望等，都會讓你的內疚再次出現。所以請記住以下幾件重要事項：

- **有時候，你會比別人更不擅於放手，但沒有關係，不要怪罪自己：**只要注意自己的進展，並繼續嘗試、繼續前進，不要灰心喪氣。當你發現自己出於內疚做決定時，請將其視為進步，因為這代表你正在標記情緒，並且在允許戰鬥或逃跑反應接管你之前，先暫停下來。請記住：放下內疚是只有你自己才能做的決定。

◆ **放下內疚是一種選擇，但並不是一次性的選擇：**如果你期望這是一次性的選擇，那麼就會因為無法放下自己所有的內疚而感到內疚。切記，放下內疚是你一次又一次如何做出選擇的結果；你必須下定決心，無論重新陷入內疚之中多少次，都會再次選擇要層層剝開假內疚，如此才能卸下內疚。姐妹們，現在停下來告訴自己，你會一次又一次地做出這個決定，直到零內疚的生活成為你的新常態為止。

◆ **放下內疚需要練習，所以持續練習：**你越常這麼做，它就會變得越容易。接著有一天，你會發現這個重擔被卸下了，你的喜悅回來了，最終平靜獲勝了。

◆ **回到安全的地方總是很誘人：**別忘了我們曾提到快樂有風險，所以當你決定要專注於喜悅的時候，恐懼可能會探出頭來，懇求你不要再為自己做出更遠大的夢想。盜賊就是要來偷竊、殺害和毀壞一切，包含你的喜悅在內。所以，不要又透過引起不必要的內疚，回到壓抑自己喜悅的安全之中。

◆ **即使堅守自己的價值觀，也會不斷受到相反的影響轟炸：**你被其他人包圍著，他們的期望會考驗著你。因此，請為了堅持自己的價值觀感到自在，做對你來說有意義的事。讓自己的期望與上帝的期望相符，那麼平靜就會成為你的嚮導。

◆ **內疚引導了許多決定，這其實是一件好事：**真內疚能幫助我們讓自己的價值觀和行為保持一致，而這是成功人生的一部分。大家信任你，因為你總想做對的事。有良心對你有好處，至於責任心則代表你努力地想要達成期望。只是要小心，你努力想要達成的目標究竟是誰的期望。

◆ **情緒勒索者可不會輕易放棄：**如果你面對的人（或好幾個人）長久以來，都是用情緒勒索的方式和你溝通，那你可能就要多加練習才得以打破這種相處模式。但無論如何，別讓它拖垮你！而是要讓他們一直以來用來得到自動反應的操縱開關失效，以此拖垮對方。設立界限，並堅持下去。很快地，他們就會帶著情緒勒索去別處。

◆ **快樂需要練習：**我告訴過你，這本書最終的重點跟你的快樂有關。內疚會剝奪快樂和喜悅，反之，當你放下內疚時，就為快樂和喜悅騰出了更多的空間。但這不會憑空發生，必須持續練習，快樂才能成為一種習慣。運用一些快樂觸發因素，有意識地在日常生活中，多做出能令你感到快樂的選擇。

謝謝你一路以來讓我擔任你的教練。我很想聽聽你是如何放下內疚的，所以請在社群媒體上留言給我吧！可以在推特（Twitter）、Instagram或臉書（Facebook）上標記我@valorieburton。我為你祈禱，也為你加油。

愛你的薇拉莉

致謝

我非常感謝出現在我生命之中，支持我的工作，且堅定又有才華的人們。我沒辦法獨自完成這件事，其中，我要特別感謝以下這些人：

我的先生，傑夫（Jeff）。你對我的支持與信心總是堅定不移。謝謝你對我這本書的想法給予意見，並且陪我撐過了所有的截稿期限。我們的孩子，蘇菲（Sophie）、艾荻（Addie）和艾力克斯（Alex）。我愛你們所有人，非常感謝你們對我的作品抱持著熱忱。

我的作家經紀人，安德烈雅．海涅克（Andrea Heinecke）。謝謝你繼續和我合作，並全心全意地相信我的工作。

我二十多年來的好朋友，伊薇特．庫克（Yvette Cook）。謝謝你一起出主意和聆聽，還向我保證這本書裡的教練學方法會很有用。

我的編輯，梅根．波特（Meaghan Porter）和珍．麥克尼爾（Jenn McNeil）。謝謝你們注意細節，並且讓我盡力把原稿寫到最好。

我的媽媽，里昂妮・墨瑞（Leone Murray）。你永遠都鼓勵著我、支持著我。我很有福氣，能和你並肩工作超過十五年的時間。我非常感謝你。我的爸爸，強尼・波頓（Johnny Burton）。謝謝你持續相信我和我的工作，也謝謝你總是在我需要的時候，給予我明智的意見。我的弟弟，韋德・墨瑞（Wade Murray）。謝謝你一直以來對我的工作都保持著熱忱與支持。

我的助理，拉克麗莎・安德魯斯（LaChrissa Andrews）。謝謝你無私奉獻的心與優雅的態度。你讓寫作的過程變得更加順暢，我很感謝。

我的弟妹兼教練學與正向心理學學院的教練培訓經理，艾莉克西絲・墨瑞（Alexis Murray）。謝謝你一直以來都辛勤地工作。

我很有福氣，能擁有這麼多家人、朋友和同事透過自己的經歷與見解，參與了內疚的對話。你們知道就是在說你們。謝謝你們。

最後也謝謝你，各位讀者。謝謝你給我機會分享這個訊息，並且讓我在你個人的轉變旅程中，陪伴你前行。我備感榮幸。

附注

第一章：你為何感到內疚？

1. 《劍橋詞典》（*Cambridge Dictionary*），條目「內疚」（guilt），https://dictionary.cambridge.org/dictionary/english/guilt。
2. 《韋氏詞典》（*Merriam-Webster's Dictionary*），條目「內疚」（guilt），https://www.merriam-webster.com/dictionary/guilt。
3. 《貝克福音派神學詞典》（*Baker's Evangelical Dictionary of Biblical Theology*），華特．埃爾韋爾（Walter A. Elwell）編，條目「內疚」（guilt），https://www.biblestudytools.com/dictionaries/bakers-evangelical-dictionary/guilt.html。
4. 《貝克福音派神學詞典》（*Baker's Evangelical Dictionary*），條目「內疚」（guilt）。
5. 有趣的是，現代的英文《聖經》譯本很少在《馬太福音》第六章第十二節中使用「虧負」（trespasses）一詞，而偏好使用「罪債」（debts）或「罪過」（sins）。然而，英國國教《公禱書》（*Book of Common Prayer*）（採用了廷代爾〔Tyndale〕的《聖經》譯文）與傳統天主教禮儀在翻譯《主禱文》時都是使用「虧負」，許多說英語的基督徒可能記住了這些版本，而非直接引用《馬太福音》第六章。請參見《大英百科全書》（*Encyclopaedia Britannica*），條目「主禱文」（Lord's Prayer），https://www.britannica.com/topic/Lords Prayer，及理查德．貝克（Richard Beck），〈「赦免我們的虧負」，這從何而來？〉（'Forgive Us Our Trespasses.' Where'd That Come From?），《實驗神學》（*Experimental Theology*）（部落格），2012 年 12 月 6 日，http://experimentaltheology.blogspot.com/2012/12/forgive-us-our-trespasses-whered-that.html。

6. 有關認知行為療法的更多資訊，請參見馬汀．塞利格曼（Martin E. P. Seligman），《學習樂觀，樂觀學習》（*Learned Optimism: How to Change Your Mind and Your Life*）(New York: Vintage, 2006) 及凱倫．瑞維琪（Karen Reivich）與安德魯．夏提（Andrew Shatté），《復原力因素：克服生活中不可避免之障礙的七大技巧》（直譯：*The Resilience Factor: 7 Essential Skills for Overcoming Life's Inevitable Obstacles*）(New York: Broadway, 2006)。

7. 馬修．利伯曼（Matthew D. Lieberman）、娜歐蜜．艾森伯格（Naomi I. Eisenberger）、莫莉．克羅克特（Molly J. Crockett）、莎賓娜．湯姆（Sabrina M. Tom）、珍妮佛．費佛（Jennifer H. Pfeifer）與鮑德溫．衛（Baldwin M. Way），〈用話語表達情感：情感標記會擾亂杏仁核對情感刺激之反應〉（Putting Feelings into Words: Affect Labeling Disrupts Amygdala Activity in Response

to Affective Stimuli），《心理學》（*Psychological Science*）18, no. 5 (2007): 421–28。

8. 大衛・克雷斯韋爾（J. David Creswell）、鮑德溫・衛（Baldwin M. Way）、娜歐蜜・艾森伯格（Naomi I. Eisenberger）與馬修・利伯曼（Matthew D. Lieberman），〈情感標籤期間正念特質之神經相關性〉（Neural Correlates of Dispositional Mindfulness During Affect Labeling），《身心醫學》（*Psychosomatic Medicine*）69, no. 6 (2007): 560–65。

9. 傑瑞德・托雷斯（Jared B. Torre）與馬修・利伯曼（Matthew D. Lieberman），〈用話語表達情感：情感標籤作為內隱情緒調節〉（Putting Feelings into Words: Affect Labeling as Implicit Emotion Regulation），《情緒評論》（*Emotion Review*）10, no. 2, (April 2018): 116–24，https://doi.org/10.1177/1754073917742706。

第二章：剝開內心的洋蔥

1. 〈認知行為療法〉（*Cognitive Behavioral Therapy*），美國梅奧醫學中心（Mayo Clinic），https://www.mayoclinic.org/tests-procedures/cognitive-behavioral-therapy/about/pac-20384610。

2. 蘿拉・金（Laura King），〈書寫人生目標之健康益處〉（The Health Benefits of Writing About Life Goals），《性格與社會心理學公報》（*Personality and Social Psychology Bulletin*）27, no. 7

(July 2001): 798–807，https://doi.org/10.1177/0146167201277003；蘿拉・金（Laura King）與凱西・麥納（Kathi N. Miner），〈書寫創傷事件的感知益處：對身體健康之影響〉（Writing About the Perceived Benefits of Traumatic Events: Implications for Physical Health），《性格與社會心理學公報》（Personality and Social Psychology Bulletin）26, no. 2 (February 200): 220–30，https://doi.org/10.1177/0146167200264008。

第三章：快樂有風險，內疚才安全

1. 布芮尼・布朗（Brené Brown），《脆弱的力量》（*Daring Greatly: How the Courage to Be Vulnerable Transforms the Way We Live, Love, Parent, and Lead*）(New York: Gotham, 2012)。
2. 吉兒・瓊斯（Jill Jones），個人訪談，2019年8月29日。
3. 吉兒・瓊斯（Jill Jones），個人訪談。
4. 松雅・隆博米爾斯基（Sonja Lyubomirsky）、蘿拉・金（Laura King）與艾德・迪安納（Ed Diener），〈頻繁正向情感的益處：幸福會帶來成功嗎？〉（The Benefits of Frequent Positive Affect: Does Happiness Lead to Success?），《心理學公報》（*Psychological Bulletin*）131, no. 6 (2005): 803–55；松雅・隆博米爾斯基（Sonja Lyubomirsky）、肯農・謝爾登（Kennon M.

Sheldon）與大衛・舒卡德（David Schkade），〈追求幸福：持續改變之架構〉（Pursuit of Happiness: The Architecture of Sustainable Change），《普通心理學評論》（*Review of General Psychology*）9, no. 2 (2005): 111–31。

第四章：關於內疚的性別差異

1. 法蘭克・藤田（Frank Fujita）、艾德・迪安納（Ed Diener）與艾德・山特維克（Ed Sandvik），〈負向情感與幸福感中的性別差異：情緒強度之案例〉（Gender Differences in Negative Affect and Well-Being: The Case for Emotional Intensity），《性格與社會心理學期刊》（*Journal of Personality and Social Psychology*）61, no. 3 (September 1991): 427–34。
2. 妮塔・拉特瓦克（Nita Lutwak）與約瑟夫・費拉里（Joseph R. Ferrari），〈道德情感與認知過程：區分男性與女性之羞愧與內疚〉（Moral Affect and Cognitive Processes: Differentiating Shame from Guilt Among Men and Women），《人格與個體差異期刊》（*Journal of Personality and Individual Differences*）21, no. 6 (December 1996): 891–96。
3. 布萊恩・亞歷山大（Brian Alexander），〈研究顯示，女性因過於內疚而有罪〉（Women Guilty of Feeling Too Guilty, Study Shows），NBCNews.com，2010 年 3 月 11 日，http://www.nbcnews.

com/id/35788411/ns/health-sexual_health/t/women-guilty-feeling-too-guilty-study-shows/#.XlmP5C2ZPPB。

4. 茱恩・普萊斯・湯妮（June Price Tangney）、傑夫・史都威格（Jeff Stuewig）與黛博拉・馬薛克（Debra J. Mashek），〈道德情緒與道德行為〉（Moral Emotions and Moral Behavior），《心理學年度評論》（*Annual Review of Psychology*）58 (January 2007), 345–72，https://doi.org/10.1146/annurev.psych.56.091103.070145；喬納森・海特（J. Haidt），〈道德之提升與正向心理學〉（Elevation and the Positive Psychology of Morality），載於科瑞・凱司（Corey L. M. Keyes）與喬納森・海特（J. Haidt）所編，《圓滿幸福：正向心理學與美好人生》（*Flourishing: Positive Psychology and the Life Well-Lived*）(Washington, DC: American Psychological Association, 2003), 275–89。

5. 布雷特・羅斯曼（Brett Roothman）、朵瑞特・克絲汀（Doret K. Kirsten）與馬里・維辛（Marié P. Wissing），〈心理健康層面之性別差異〉（Gender Differences in Aspects of Psychological Well-Being），《南非心理學期刊》（*South African Journal of Psychology*）33, no. 4 (2003): 212–18，https://doi.org/10.1177/008124630303300403；藤田（Fujita）、迪安納（Diener）與山特維克（Sandvik），〈性別差異〉（Gender Differences）。

6. 阿涅塔・費歇爾（Agneta H. Fischer）、瑪麗斯卡・克倫特（Mariska E. Kret）與約斯特・布魯肯

（Joost Broekens），〈情緒感知與自陳式情緒商數中的性別差異：情緒敏感度假說之試驗〉（Gender Differences in Emotion Perception and Self-Reported Emotional Intelligence: A Test of the Emotion Sensitivity Hypothesis），《公共科學圖書館：綜合》（*PLOS ONE*）13, no 1 (2018), e0190712，https://doi.org/10.1371/journal.pone.0190712。

7. 伊齊亞爾・埃塞巴里亞（Itziar Etxebarria）、荷西・歐提茲（M. José Ortiz）、蘇珊娜・康尼耶羅（Susana Conejero）與艾茲伯・帕斯誇爾（Aitziber Pascual），〈男性與女性習慣性內疚的強度：人際敏感度之差異與焦慮－攻擊性內疚之傾向〉（Intensity of Habitual Guilt in Men and Women: Differences in Interpersonal Sensitivity and the Tendency Towards Anxious-Aggressive Guilt），《西班牙心理學期刊》（*Spanish Journal of Psychology*）12, no. 2 (2009): 540–54。

8. 潔西卡・班奈特（Jessica Bennett），〈不是你，是科學：完美主義如何阻礙女性〉（It's Not You, It's Science: How Perfectionism Holds Women Back），《時代》（*Time*），2014 年 4 月 22 日，https://time.com/70558/its-not-you-its-science-how-perfectionism-holds-women-back/；瑪麗・沃德（Mary Ward），〈女性更有可能是完美主義者，在工作上感到焦慮〉（Women More Likely to Be Perfectionists, Anxious at Work），《雪梨晨鋒報》（*Sydney Morning Herald*），2018 年 4 月 17 日，https://www.smh.com.au/lifestyle/health-and-wellness/women-more-likely-to-be-perfectionistic-anxious-at-work-20180412-p4z971.html。

9. 萊絲莉・凱曼（Leslie P. Kamen）與馬汀・塞利格曼（Martin E. P. Seligman），〈解釋風格與健康〉（Explanatory Style and Health），《當代心理學研究與評論》（*Current Psychological Research and Reviews*）6, no. 3 (1987): 207–18，https://doi.org/10.1007/BF02686648。

10. 法特梅・巴拉米（Fatemeh Bahrami）與納瑟・尤塞菲（Naser Yousefi），〈女性比男性更焦慮：後設認知觀點〉（Females Are More Anxious than Males: A Metacognitive Perspective），《伊朗精神病學與行為科學期刊》（*Iranian Journal of Psychiatry and Behavioral Sciences*）5, no. 2 (Autumn–Winter 2011): 83–90。

11. 保羅・高爾文（Paul Glavin）、史考特・施曼（Scott Schieman）與莎拉・瑞德（Sarah Reid），〈跨邊境之工作需求與其對內疚及心理困擾之後果〉（Boundary-Spanning Work Demands and Their Consequences for Guilt and Psychological Distress），《健康與社會行為期刊》（*Journal of Health and Social Behavior*）52, no. 1 (2011): 43–57，https://doi.org/10.1177/0022146510395023。

第六章：內疚的好處

1. 柯亞力（Alex Korb），《一次一點，反轉憂鬱》（*The Upward Spiral: Using Neuroscience to Reverse the Course of Depression, One Small Change at a Time*），(Oakland, CA: New Harbinger,

2015), 158–59。

2. 克絲汀・佩辛（Kirsten A. Passyn）與米塔・蘇揚（Mita Sujan），〈自我當責情緒與恐懼訴求：激勵行為〉（Self-Accountability Emotions and Fear Appeals: Motivating Behavior），《消費者研究期刊》（*Journal of Consumer Research*）32, no. 4 (March 2006): 583–89，https://doi.org/10.1086/500488；伊戈爾・克奈斯（Igor Knez）與歐拉・諾達爾（Ola Nordhall），〈內疚作為道德判斷的動力：自傳記憶研究〉（Guilt as a Motivator for Moral Judgment: An Autobiographical Memory Study），《尖端心理學》（*Frontiers in Psychology*）8 (May 2017): 750，https://doi.org/10.3389/fpsyg.2017.00750。

3. 法蘭西斯・佛林（Francis J. Flynn）與匈伯格（R. L. Schaumberg），〈釐清工作滿意度與缺勤率之間的連結：內疚傾向之作用〉（Clarifying the Link Between Job Satisfaction and Absenteeism: The Role of Guilt Proneness），《應用心理學期刊》（*Journal of Applied Psychology*），vol. 102, no. 6 (June 2017): 982–92。

4. 法蘭西斯・佛林（Francis J. Flynn），〈捍衛你的研究：容易內疚的人會成為偉大的領導者〉（Defend Your Research: Guilt-Ridden People Make Great Leaders），《哈佛商業評論》（*Harvard Business Review*），2011 年 1 月至 2 月，https://hbr.org/2011/01/defend-your-research-guilt-ridden-people-make-great-leaders?autocomplete=true。

5. 傑拉德·馬修斯（Gerard Matthews）、伊恩·迪瑞（Ian J. Deary）與瑪莎·懷特曼（Martha C. Whiteman），《人格特質》（*Personality Traits*），第二版 (Cambridge, UK: Cambridge University Press, 2003)；羅斯曼（S. Rothmann）與庫澤（E. P. Coetzer），〈五大人格特質與工作績效〉（The Big Five Personality Dimensions and Job Performance），《南非工業心理學期刊》（*SA Journal of Industrial Psychology*）29 (October 2003)，https://doi.org/10.4102/sajip.v29i1.88；羅伯茲（B. W. Roberts）與傑克森（J. J. Jackson），〈社會基因人格心理學〉（Sociogenomic Personality Psychology），《人格期刊》（*Journal of Personality*）76 (2008): 1523–44。
6. 羅伯茲（B. W. Roberts）、傑克森（J. J. Jackson）、法亞德（J. V. Fayard）、埃德蒙茲（G. W. Edmonds）與麥恩茲（J. Meints），〈責任心〉（Conscientiousness），載於利爾瑞（M. R. Leary）與霍伊爾（R. H. Hoyle）所編，《社會行為個體差異手冊》（*Handbook of Individual Differences in Social Behavior*）(New York: Guilford Press, 2009), 369–81。
7. Lexico（線上牛津詞典〔Oxford Dictionary〕），條目「盡責」（conscientious），https://www.lexico.com/definition/conscientious。
8. 羅伯茲（B. W. Roberts）、沃爾頓（K. E. Walton）與博格（T. Bogg），〈人生歷程中之責任心與健康〉（Conscientiousness and Health Across the Life Course），《普通心理學評論》（*Review of General Psychology*）9 (2005): 156–68。

9. 珍妮佛・法亞德（Jennifer V. Fayard）、布雷特・羅伯茲（Brent W. Roberts）、理查德・羅賓斯（Richard W. Robins）與大衛・華森（David Watson），〈揭開責任心的情感核心：自我意識情緒之作用〉（Uncovering the Affective Core of Conscientiousness: The Role of Self-Conscious Emotions），《人格期刊》（*Journal of Personality*）80, no. 1 (2012): 1–32，https://doi.org/10.1111/j.1467–6494.2011.00720.x。

第七章：重設你的期望

1. 《牛津詞典》（*Oxford Dictionary*），條目「應該」（should），https://www.oxforddictionaries.com/definition/english/should。
2. 瑞詩瑪・蕭哈尼（Reshma Saujani），〈教導女孩勇敢，而非完美〉（Teach Girls Bravery, not Perfection），TED，https://www.ted.com/talks/reshma_saujani_teach_girls_bravery_not_perfection/transcript?language=en。
3. 卡蘿・杜維克（Carol S. Dweck），《心態致勝：全新成功心理學》（*Mindset: The New Psychology of Success*）(New York: Ballantine, 2008)。
4. 湯姆・拉斯（Tom Rath）與詹姆斯・哈特（James K. Harter），《幸福：五個基本要素》（直譯，

Wellbeing: The Five Essential Elements）(New York: Gallup Press, 2014)。

第八章：翻轉內疚的情緒勒索

1. 《城市詞典》（*Urban Dictionary*），條目「內疚羈絆」（Guilt trip），https://www.urbandictionary.com/define.php?term=Guilt%20trip。
2. 羅伯特・席爾迪尼（Robert B. Cialdini），《影響力：科學與實踐》（直譯，*Influence: Science and Practice*）(New York: HarperCollins College, 1993)。

第九章：重拾你的喜悅

1. 哈佛醫學院（Harvard Medical School），〈朋友網絡中的快樂會「感染」：是集體——而不僅是個人現象〉（Happiness Is 'Infectious' in Network of Friends: Collective—Not Just Individual—Phenomenon），每日科學（ScienceDaily），2008 年 12 月 5 日，http://www.sciencedaily.com/releases/2008/12/081205094506.htm；詹姆斯・福勒（James H. Fowler）、尼古拉斯・克里斯塔基斯（Nicholas A. Christakis），〈大型社交網絡中快樂的動態傳播：佛拉明罕心臟研究二十年之縱向分析〉（Dynamic Spread of Happiness in a Large Social Network: Longitudinal Analysis over 20

Years in the Framingham Heart Study），《英國醫學期刊》（*British Medical Journal*），2008 年 12 月 4 日，337。

2. 傑羅恩．納維金（Jeroen Nawijn）、米凱莉．瑪珊德（Miquelle A. Marchand）、魯特．維諾文（Ruut Veenhoven）與阿德．溫格霍茲（Ad J. Vingerhoets），〈度假者更快樂，但多數在假期後並不快樂〉（Vacationers Happier, but Most not Happier After a Holiday），《應用生活品質研究》（*Applied Research in Quality of Life*）5, no. 1 (2010): 35–47，https://doi.org/10.1007/s11482-009-9091-9。

3. 提摩西．普特茲（Timothy W. Puetz）、莎拉．弗勞爾斯（Sara S. Flowers）與帕特．奧康納（Pat O'Connor），〈有氧運動訓練對患有持續性疲勞、久坐不動年輕人活力與疲勞感的影響之隨機對照試驗〉（A Randomized Controlled Trial of the Effect of Aerobic Exercise Training on Feelings of Energy and Fatigue in Sedentary Young Adults with Persistent Fatigue），《心理治療與身心醫學》（*Psychotherapy and Psychosomatics*）77, no. 3 (2008):167–74，https://doi.org/10.1159/000116610。

4. 崔維斯．卡特（Travis J. Carter）與湯瑪斯．吉洛維奇（Thomas Gilovich），〈造就我的是我的作為，而非我所擁有的一切：體驗式購買對自我概念之中心性〉（I Am What I Do, Not What I Have: The Centrality of Experiential Purchases to the Self-Concept），《性格與社會心理學期刊》（*Journal of Personality and Social Psychology*）102, no. 6 (2012), 1304–17，https://doi.org/10.1037/a0027407。

5. 保羅・艾克曼（Paul Ekman）、理查德・戴維森（Richard J. Davidson）、華萊士・弗里森（Wallace V. Friesen），〈杜鄉的微笑：情緒表達與大腦生理學 II〉（The Duchenne Smile: Emotional Expression and Brain Physiology II），《性格與社會心理學期刊》（*Journal of Personality and Social Psychology*）58, no. 2 (February 1990): 342–53。
6. 蘿拉・金（Laura A. King），〈書寫人生目標之健康益處〉（The Health Benefits of Writing About Life Goals），《性格與社會心理學公報》（*Personality and Social Psychology Bulletin*）27, no. 7 (2001), 798–807；肯農・謝爾登（Kennon M. Sheldon）與松雅・隆博米爾斯基（Sonja Lyubomirsky），〈如何增加與維持正面情緒：表達感激與想像最佳自我之影響〉（How to Increase and Sustain Positive Emotion: The Effects of Expressing Gratitude and Visualizing Best Possible Selves），《正向心理學期刊》（*Journal of Positive Psychology*）1, no. 2 (2006): 73–82。

HEART
心|視野　心視野系列 125

你沒錯，為什麼要覺得抱歉

放下假內疚，擺脫自責的習慣，練習與自己和解

Let Go of the Guilt

作　　者　薇拉莉・波頓（Valorie Burton）
譯　　者　林吟貞
封面設計　FE設計
版型設計　顏麟樺
內文排版　許貴華
文字整理　周書宇
責任編輯　洪尚鈴
行銷企劃　蔡雨庭、黃安汝
出版一部總編輯　紀欣怡

出版者　采實文化事業股份有限公司
業務發行　張世明・林踏欣・林坤蓉・王貞玉
國際版權　鄒欣穎・施維真・王盈潔
印務採購　曾玉霞・謝素琴
會計行政　李韶婉・許俽瑀・張婕莛
法律顧問　第一國際法律事務所　余淑杏律師
電子信箱　acme@acmebook.com.tw
采實官網　www.acmebook.com.tw
采實臉書　www.facebook.com/acmebook01

ISBN　978-626-349-370-4
定　　價　360元
初版一刷　2023年8月
劃撥帳號　50148859
劃撥戶名　采實文化事業股份有限公司
104台北市中山區南京東路二段95號9樓
電話：(02)2511-9798　　傳真：(02)2571-3298

國家圖書館出版品預行編目資料

你沒錯，為什麼要覺得抱歉：放下假內疚，擺脫自責的習慣，練習與自己和解 / 薇拉莉 . 波頓 (Valorie Burton) 作 ; 林吟貞譯 . -- 初版 . -- 臺北市 : 采實文化事業股份有限公司 , 2023.08
面； 公分 . -- (心視野系列 ; 125)
譯自 : Let go of the guilt
ISBN 978-626-349-370-4(平裝)
1.CST: 自我實現 2.CST: 生活指導 3.CST: 愧疚感

177.2　　112010266

采實出版集團
ACME PUBLISHING GROUP